ICT 時代の
英語コミュニケーション：基本ルール

Effective Communication in the ICT Age

グローバル人材育成に役立ち
日本人英語学習者・実務家・翻訳者の盲点をつく

篠田 義明

教育学博士
早稲田大学名誉教授
Yoshiaki Shinoda, PhD
Emeritus Professor
Waseda University

南雲堂

はしがき

　ICT 時代の到来で，世の中がグローバル化した現在，英語を使ったコミュニケーションが必須になってきている。コミュニケーションの道具としてルールに則った英語を使わないと効果的なビジネスも，意図した意見の交換もできず，アカデミックの分野では，読み手に正しく伝わる論文も書けないといえよう。

　昨今，学生はもとより，会社員も語彙力の不足が叫ばれている。コミュニケーションに必須事項は単語力である。単語力がないと文法力があっても相手との意思疎通はできない。Success in our lives depends on how many words we can use in the real world.（人生における成功は，実社会で使える単語の数で決まる）といわれている。一つでも多くの単語を知っていれば，それだけ効果のあるコミュニケーションができるのである。しかし，現在の ICT 時代には無尽蔵に新語が生まれているので覚えている暇など無い。そこで，本書では，先ず，接頭辞と接尾辞を覚えるだけで単語力が増進するように「単語の習得法」を詳述した。

　単語力の次に大切な要素は論理構成である。効力を発揮するコミュニケーションをするのには語彙力に加えて，守るべき最低限の基本ルール，つまり論理構成が肝要である。日本人の多くが途方もない時間を英語の勉強に費やしているのに，成果が上がっていないのは，コミュニケーションの道具としての英語の大切な論理構成を身に付けていないからである。受信者に発信者の思いを正しく伝達しようと意図するときに，論理構成を無視しては徒労に終わるだけである。

　家を造るにも，機械を造るにも守らなければならない最低の基準，つまりルールがある。それを無視して造った家には安心して住めないし，機械も安心して使えない。同じことが文章にもいえるのである。文章はどのように書いても構わない。しかし守るべきルールを無視すると受信者から失笑を買うのみか，発信者の意図することが受信者に正しく伝わらないことになる。英語を使う日本人や翻訳者の多くは，このルールを無視して，和英辞典に書いてある表現をそのまま利用している。これでは受信者は戸惑うばかりである。

　「英語は真似ればよい」という考えはまったく間違っている。ことばは伝達

の手段として使うが，相手を説得するケースもあれば，報告するケースもあり，丁寧に表現するケースもあれば，お願いするケースもあり，状況に応じて，相手によって語調（Tone）や表現を変えなければならない。日本語に敬語があるように英語にもそれに相当する語調がある。語調や論理構成を守り，その状況に適した英文で表現しなければ期待した仕事は出来ないし，折角の仕事も研究も成果は期待できないといえよう。

いわゆる学校英語は，実務やアカデミックの世界ではそのままでは殆ど使えないのである。学校，特に大学では「何でもいいから英語で言え」とか，「間違えを恐れるな」とか，「英語で考えろ」とか，「英語で授業」といった方法で英語が指導されているが，ある段階までは許容できても，実務や研究の世界では守るべきルールがある。「何でもいいから英語を言え」とか，「間違えを恐れるな」ではビジネスは遂行できないし，研究の発表もできない。Thinking in English は 1950 年ごろ脚光を浴びたが，現在では，これもほんの一部の欧米の英語教師が提唱しているに過ぎない。"Good morning." や "How are you?" などは無意識に口から出る無意識英語である。実務や研究の場では，状況にもよるが，重要な問題や要件に遭遇した場合には，母語で浮かんでこないと外国語も浮かんでこないといえよう。つまり，母語で正しく伝達できない人は外国語でも効果的に伝達できるはずがない。

本書は，どの項から読んでもよいように編集してある。英語に相当実力がある人でも，正しく書けないといわれている段落の論理構成や，正しく使えないと言われている句読点の用法も，実例で解説した。欧米の文化の違いも習得していただきたい。

本書で学んだ論理構成は，日本文を書くときにも利用できる筈である。実務や研究の場での英語のみならず，日本文で伝達するときに，本書が有効，的確な指針を与える手助けになれば筆者の幸いこの上ない。本書の出版にあたり，仲介の労をとっていただいた南雲堂の岡崎まち子氏，編集にあたり貴重なアドバイスを戴いた南雲堂の加藤敦氏に衷心より感謝の意を表する次第である。

平成 25 年 12 月 3 日

目　次

1.　単語の正攻法

- 1.1　単語の習得法（接頭辞・接尾辞）　　　8
- 1.2　略語の基本（混成語・頭字語・省略語）　　　17
- 1.3　明確な単語を選択（一語一義の原則）　　　22
- 1.4　語と語の大切な相性　　　26
- 1.5　幼稚な動詞は回避　　　34
- 1.6　主な曖昧語表　　　39

2.　必須の論理構成

- 2.1　不快感・好感を与える英文（大切な Tone）　　　41
- 2.2　敬語に相当する英語（Softener）　　　44
- 2.3　概念や語を正しく説明（定義法）　　　48
- 2.4　縁語接近の原則　　　52
- 2.5　書類の種類で異なるスタイル（Style）　　　59
- 2.6　大切な展開順序　　　62
- 2.7　冒頭文とそれに続く文の展開法　　　66
- 2.8　段落の構成法　　　73
- 2.9　起承転結は不向き　　　80
- 2.10　効果的なタイトルや件名の書き方　　　82
- 2.11　原因・結果のルール　　　90
- 2.12　説得法の基本構成　　　95
- 2.13　提案法の文章構成　　　99

3. 必須英文法編

- 3.1 誤解を招く時制 ... 102
- 3.2 助動詞の慎重な選択 ... 107
- 3.3 前置詞の正しい選択法 ... 115
- 3.4 仮定法の真意 ... 120
- 3.5 冠詞の習得法 ... 126

4. 守るべき句読法

- 4.1 Period ... 141
- 4.2 Colon ... 144
- 4.3 Semicolon ... 146
- 4.4 Comma ... 148
- 4.5 Parentheses ... 151
- 4.6 Brackets ... 153
- 4.7 Dashes ... 155
- 4.8 Italics ... 157
- 4.9 Hyphen ... 158
- 4.10 Solidus ... 160

1. 単語の正攻法

　コミュニケーションは語彙力で左右されるといえる。効果的なコミュニケーションを期待するのであれば，一つでも多くの単語を習得していて，それが正しく使えなければならない。仕事で英語が使えない，英語嫌いの理由の大きい原因は語彙力の不足が挙げられる。単語を身につけることこそ，コミュニケーション力を増進する不可欠な一面といえよう。

　私は中学，高校，大学と英語力を付けるために遮二無二暗記をしたものだ。英語に始めて接した中学生のころ，月，火，水，木，金，土，日の曜日（day of the week）が，なかなか覚えられなくて，次のように暗記したことを何十年も経た今でも記憶している。

　　「日本の首相は安部サンデー（**Sunday**）」
　　「月桂冠を望マンデー（**Monday**）」
　　「火に水かけてチューズデー（**Tuesday**）」
　　「水田に苗をウエンズデー（**Wednesday**）」
　　「木刀を腰にサースデー（**Thursday**）」
　　「金ぴか料理はフライデー（**Friday**）」
　　「土産を持ってご無サタデー（**Saturday**）」

　若いときの暗記は大切である。受験では 2,000 から 4,000 語も覚えれば一流大学に入学できるだろう。しかし，学校を卒業し，実社会に入った途端に学校では見たこともない単語がどっと押し寄せるのである。学生時代に覚えた単語では，とても仕事ができないため，さらに英語に恐怖心を抱いてしまう。

　語彙力を増やすにはいろいろな方法があるが，まず，接頭辞と接尾辞を利用することを勧める。次に主な接頭辞と接尾辞を表で示すので既知のものは，それを利用して単語の意味を再確認することを勧める。未知のものは覚えて実務の場で利用して欲しい。

1.1　単語の習得法（接頭辞・接尾辞）　　7

1.1 単語の習得法（接頭辞・接尾辞）

学生時代に綴り字を覚えた bicycle の接頭辞 bi- は「二つの, 双, 復など」を意味するので cycle（円）が二つ付いていることから bicycle の単語の真の意味「自転車」が把握できる。homosexual の接頭語 homo- は「同一の, 同じ（same）」を意味するので homocentric が「同心の」であり, homotype が「同型」, homogeneous が「同質の」のように, 単語の意味が把握できる。

語彙力が増す力となってくれるのが接頭語なので, 次に頻出する接頭辞を挙げるが, 数がおびただしいため, dis-, im-, in-, un- のような, どこにでも現われるものは割愛した。各種辞書を参照されたい。

1) 接頭辞一覧

接頭辞	意味	例
aceto-	酢酸の	*aceto*meter（酢酸含有量計器）
aero-	空気の	*aero*dynamics（空気力学）,［米では air- が普通］, *air*craft（航空機）
ambi-	両方の, 周囲の	*ambi*dexterity（両手きき）, *ambi*t（周囲, 構内）
ante-	…の前方の, …の先に立つ	*ante*cedent（先行する,《数字》前項）
aqua-	水	*aqua*lung（潜水用水中呼吸装置, アクアラング）
astro-	星	*astro*photography（天体写真術）
audio-	聴	*audio*meter（聴力計, オーディオメーター）
aur-	耳の	*aur*al（聴覚の）, *aur*icularis（耳についての）
auto-	自動の	*auto*mobile（自動車）
bene-	良い（well）	*bene*ficiate（《冶金》選鉱する）
bio-	生命, 生物	*bio*chemistry（生化学）
cap-	いれる	*cap*acity（容量）

centro-	中心	*centro*sphere（中心球）
cero-	ろう	*cero*plastic（ろう紬工の）
chloro-	緑，塩素	*chloro*form（クロロホルム），*chloro*plast（葉緑体）
circum-	まわりに	*circum*ference（円周）
contra-	逆の，反対の	*contra*distinction（対比，対照）
cross-	十字の，交えて	*cross*light（交差光）
cyclo-	循環の，輪の	*cyclo*meter（円弧測定器）
de-	分離，降下，逆転，強度	*de*humidify（脱湿する），*de*grade（品質を下げる，減成する），*de*train（分流させる），*de*compound（分解する）
dia-	完全な／分れる	*dia*gnosis（診察），*dia*lysis（透析）
digiti-	指	*digiti*form（指に似た），*digit*ize（計数化する）
epi-	「上，近く」など	*epi*cycle（周転円），*epi*gene（表成の）
equi-	等しい	*equi*distance（等距離）
eu-	よい	*eu*phony（好調音）
ex-	外へ，切り離して	*ex*it（出口）
extra-	外へ，越えて	*extra*nuclear（核外の）
fore-	前の	*fore*cabin（前部船室）
geo-	地球の	*geo*chemistry（地球化学）
glyco-	甘い	*glyco*lysis（糖分解）
gyro-	旋回する，らせんの	*gyro*scope（回転惨），*gyro*idal（らせん形にした）
helic-	らせん形の	*helic*opter（ヘリコプター），*helic*oid（らせん体）
hydro-	水	*hydro*gen（水素）
hygro-	湿った	*hygro*meter（混度計）
hyper-	越えて，過度の	*hyper*baric（高比重の）

1.1 単語の習得法（接頭辞・接尾辞）　　9

hypo-	下の，以下の	*hypo*alimentation（栄養不足）
iatro-	医学の	*iatro*gy（医学）
ideo-	観念，考え	*ideo*logy（観念学，空理空論）
inter-	中の，相互間の	*inter*action（相互作用）
intro-	中部に，以内の	*intro*scope（内視鏡）
iso-	等しい	*iso*perimeter（等周図）
macro-	大きい，巨大な	*macro*molecule（巨大分子）
mega-	非常に大きい，100万（倍）	*mega*locardia（心臓肥大），*mega*city（百万都市）
meta-	変化して	*meta*morphosis（変形）
micro-	小さい	*micro*analysis（微量分析）
multi-	多くの，多量の	*multi*valent（多価の）
neo-	新しい	*neo*plasm（新生物）
oculo-	目	*oculi*st（眼科医）
over-	越えて，以上に	*over*heat（過熱する）
out-	外へ，前方へ，…よりすぐれて	*out*put（出力），*out*sell（…よりよく売れる）
para-	はずれて，近くの，用心する，守る	*para*bola（放物線），*para*chute（パラシュート），*para*hydrogen（パラ水素）
path(o)-	苦しみ，病気	*path*ology（病理学）
per-	過…，非常に	*per*carbonic acid（炭酸）
peri-	回り，越えて	*peri*morph（外囲鉱物）
photo-	光写真	*photo*synthesis（光合成），*photo*map（写真地図）
pneumo-	空気，呼吸	*pneumo*nia（肺炎）
poly-	多い	*poly*acid（多重酸）
post-	あとの，うしろの	*post*factor（後因子）

pre-	前もって	*pre*diction（予報）
pro-	前の	*pro*cambium（前形成層）
proto-	最初の	*proto*type（原型）
pyro-	火, 熱	*pyro*chemical（高温度化学変化の）
re-	ふたたび, 後方へ	*re*generate（再生する）
se-	分離する	*se*lect（選ぶ）
self-	「自ら」	*self*-starter（自動スターター）
steno-	細い	*steno*peic（細孔）
stereo-	立体の	*stereo*gram（立体画）
sub-	「副…」ほか	*sub*way（地下鉄, 地下道）
subter-	下の, 秘密の	*subter*ranean（地下の, 秘密の）
super-	上の, すぐれた	*super*conductivity（超電導）
syn- (sym-)	共に	*syn*chronous（同期の）, *sym*metry（相称）
tele-	遠い	*tele*scope（望遠鏡）
thermo-*	熱の	*thermo*couple（熱電対）
trans-	越えて, 通って	*trans*port（輸送する）
ultra-	超…	*ultra*microbalance（超微量天秤）
under-	下の	*under*ground（地下）

* 母音の前では therm- となる。[例] thermionic（熱イオンの）

2) べき（累乗）を表わす接頭辞一覧（国際的に認められているものを示す）

接頭辞	符号	大きさ（power）	例
tera-	T	10^{12}（兆）	*tera*cycle（Tc）（1兆サイクル）
giga-*	G	10^9（10億）	*giga*hertz（GHz）（ギガヘルツ；10億ヘルツ）
mega-	M	10^6（100万）	*mega*cycle（Mc）（100万サイクル；メガサイクル）
kilo-	k	10^3（1000）	*kilo*liter（kl）（キロリットル）
hecto-	h	10^2（100）	*hecto*gram（hg）（ヘクトグラム；100g）
deca-	da	10^1（1/10）	*deca*gon（10角形）
deci-	d	10^{-1}（1/10）	*deci*bar（デシバール；1/10バール）
centi-	c	10^{-2}（1/100）	*centi*gram（cg）（センチグラム）
milli-	m	10^{-3}（1/1000）	*milli*lux（mlx）（ミリルックス）
micro-	μ	10^{-6}（1/100万）	*micro*farad（mf, mfd, μF, μf）（マイクロファラッド）
nano-	n	10^{-9}（1/10億）	*nano*second（ns, nsec）（ナノ秒）
pico-	p	10^{-12}（1/1兆）	*pico*second（psec）（ピコ秒）
femto-	f	10^{-15}（1/1000兆）	*femto*volt（fv）（1/1000兆ボルト）
atto-	a	10^{-18}（1/10垓）	

* 米国では bev- が用いられているが国際的には認められていない。
　bevatron（ベバトロン；10億電子ボルト）

3) 数を表わす接頭辞一覧

	接頭辞 ラテン系	接頭辞 ギリシャ系	例
1/2	semi-	hemi-	*semi*circle（半円）, *semi*automatic（半自動の）, *hemi*sphere（半球）
1	un(i)-	mon(o)-	*uni*cycle（一輪車）, *mono*rail（モノレール）
第1（の）	prim-	proto-	*prim*itive（最初の）, *proto*plasm（原形質）

1. 単語の正攻法

1 1/2	sesqui-		*sesqui*pedalian（1フィート半の）
2	bi-*, du-	di-	*bi*cycle（自転車）, *du*plication（二重）, *di*oxide（二酸化物）
第2（の）	second-	deuter-**	*second*-rate（二流の）, *deuter*ium（重水素）
2つに		dicho-***	*dicho*gamy（雌雄異熟）
3	tri-	tri-	*tri*cycle（三輪車）, *tri*atomic（3原子の）
第3（の）	terti-		*terti*aty（第3の）
4	quadr(i)-****	tetr(a)-	*quadr*angle（4角形）, *tetra*gon（4角形）
第4（の）	quart-		*quart*ern（1/4）
5	quinqu(e)-	pent(a)-	*quinque*valent（五価の）, *penta*gon（5角形）
第5（の）	quint-		*quint*ant（五分儀）
6	sex(i)-	hex(a)-	*sexi*valent（六価の）, *hexa*gon（6角形）
第6（の）	sext-		*sext*ic（6次の量）
7	septem- sept(i)-	hepta-	*septem*partite（葉が7深裂の）, *septi*valent（七価の）, *hepta*chromic（7色の）
第7（の）	septim-		*septim*ana（処方せんで1週間）
8	oct(a)- oct(o)-	oct(a)- oct(o)-	*oct*angle（8角形）(L), *octa*gon（8角形）(G), *octo*nary（8進法の）(L), *octo*pod（8脚類）(G)
第8（の）	octav-		octavo（8つ折判）
9	nona-	ennea-	*nona*ry（9進法の）, *ennea*gon（9角形）= nonagon
10	deci-	dec(a)-	*deci*mal（10進法の）, *deca*pod（10脚類）
11	undec-	hendeca-	*undec*agon（11角形）, *hendeca*hedron（11面体）
12	duodecim-	dodec(a)-	*duodec*imal（12進法）, *dodeca*gon（12角形）

1.1 単語の習得法（接頭辞・接尾辞）

*	母音の前では bin- となる。	【例】binocular（双眼望遠鏡）
**	子音の前では deutero- となる。	【例】deuteron（重陽子）
***	母音の前では dich- となる。	【例】dichasium（二枝集散花序）
****	母音の前では quadr- となる。	【例】quadroxide（四酸化物）

4) 接尾辞一覧

接頭辞	意味	例
-ad	…の，に関連する	mon*ad*（一価元素）
-age	動詞→名詞を作る 集合体を意味する	stor*age*（貯蔵）， tonn*age*（総トン数，トン数）
-ana	文献	Americ*ana*（アメリカ文献）
-arch	支配者，君主	mon*arch*（君主）
-ate	「なる」の動詞をつくる 「処理する」 「…の形にする」 「…の特徴のある」 「…を持つ」 「…から作られた塩」 「役，職（集合的に）」	evapor*ate*（蒸発する） vaccin*ate*（種痘を施す） triangul*ate*（3角形にする） colleg*ate*（大学の） proportion*ate*（比例した） acet*ate*（酢酸塩） director*ate*（理事，理事会）
-chrome	色	uro*chrome*（尿色素）
-craft	働き，技術	handi*craft*（手工）
-emia	血液の特定の状態病気	leuk*emia*（白血病）
-fold	…の部分をもつ，…倍	two*fold*（二重の），ten*fold*（10倍）
-gen	産出するもの	oxy*gen*（酸素）
-gnomy	判断する術	physio*gnomy*（人相学）
-gnosis	知識，認識	dia*gnosis*（診断）
-gon	角をもつ	penta*gon*（5角形）
-gram	書かれたもの	tele*gram*（電報）
-graph	書くもの 書かれたもの	tele*graph*（電信）， mono*graph*（専攻論文）

-graphy	書法，画法，記述学	photo*graphy*（写真術） geo*graphy*（地理学）
-hedron	…面体	hexa*hedron*（6面体）
-iatrics	治療	ped*iatrics*（小児科）
-iatry	医療	psych*iatry*（精神病治療法）
-ician	従事する人	electr*ician*（電気技術者）
-ics	…学，…芸	mathemat*ics*（数学）
-ide	化合物名をつくる	chlor*ide*（塩化物）
-in(e)	…のような化学薬品名をつくる 抽象名詞をつくる	crystall*ine*（クリスタルのような） brom*ine*（臭素），medic*ine*（医学）
-ism	行為，状態 学説，主義 …による異常，ほか	pauper*ism*（貧困） atom*ism*（原子説） alcohol*ism*（アルコール中毒）
-ist	人	chem*ist*（化学者）
-ite	…の住民 商品名 化石 塩類の名	Tokyo*ite*（東京都民） dynam*ite*（ダイナマイト） ammon*ite*（アンモナイト） sulf*ite*（亜硫酸塩）
-itis	…炎	bronch*itis*（気管支炎）
-itol	一水酸基群以上を含むアルコールの名に用いる	mann*itol*（マニトール）
-ium	化学元素のラテン名をつくる	rad*ium*（ラジウム）
-logy	学，教理，学説	geo*logy*（地質学）
-meter	計数装置	baro*meter*（気圧計）
-nomy	…学，…法	astro*nomy*（天文学）
-oid	…のような（物）	cellul*oid*（セルロイド）
-pathy	感情，病気，療法	osteo*pathy*（整骨療法）
-ped(e)	足	quadru*ped*（4足獣）
-phone	音を出す	mega*phone*（メガホン）

-scope	見る機械	micro*scope*（顕微鏡）
-some	…体	chromo*some*（染色体）
-ulose	…の著しい	gran*ulose*（粒状の）

　いくら大きい複合語辞典を用意したところで，IT時代の現代社会では，時々刻々，多くの新語が誕生しているので，十分役立つはずがない。これらの造語法を知っていれば，複合語辞典に頼る必要はあるまい。

1.2　略語の基本（混成語・頭字語・省略語）

　昨今のICT時代は，略語がどんどん生まれているが，図や表以外の文中では，いたずらに用いるのは戒めるべきであるし，また，自分勝手に作るのは絶対に避けねばならない。受信者を軽蔑することになるからである。月名（Month）のJanuaryをJaと略したり，SeptemberをSep.と略した書類や手紙などを見るが，勝手に造っては読み手に迷惑をかけるだけである。approximatelyをappr.としたりappro.としたりしているものを見かけるが，これは，必ずapprox.でなければならない。省略のピリオド（period）も付ける。

　あくまでも，英米の辞書で調べ，辞書に示されているとおりに書いたほうがよい。また，minuteもminimumもminと短縮できるからといってThe experiment requires 15 min min. はよくない。15 minutes minimumとしたほうがよい。

　これらは，自分で判断できることである。foot, feet → ft（フィート），pound → lb（ポンド），hour → hr（時間）のように単位を表わすものに多い。direct current → DC（直流），cellulose acetate → CA（酢酸セルロース）のような2字からなる略語も多いが，3字が圧倒的に多い。

　Ground Effect Machine→GEM（エア・カー），digital versatile [video] disc → DVD, pulse amplitude modulation → PAM（パルス振幅変調），liquid oxygen → LOX（液体酸素），loss of signal → LOS（信号途絶）など。

　次に，ごくありふれた分類法により，語形成の実体を大まかにつかんでみよう。

1.2.1　混成語

　混成語（blending or contamination）は，かばん語（portmanteau word）ともいい，2つ（以上）の語が形態的に重なり合って1語に圧縮されたものをいう。この種の混成は科学技術や医学分野にすこぶる多く，結合方式も一定していない。いろいろな組合せで成立していることが次の例でわかろう。

motel	[*mot*or+*hot*el]	（モーテル）
telecast	[*tel*evision+*broad*cast]	（テレビ放送する）
transistor	[*trans*fer+*resistor*]	（トランジスター）
automation	[*auo*tomatic+*operation*]	（オートメーション）
transceiver	[*trans*mitter+*receiver*]	（トランシーバー）
mag-netron	[*mag*net+e*rectron*]	（マグネトロン）
positoron	[*positive*+e*rectron*]	（陽電子）
negatron	[*nega*tive+e*lectron*]	（陰電子）

　このような第1要素の語の前部と次の語の後部を結合した型が圧倒的に多い。Cinerama [*cine*matograph + pan*orama*] のような商標名にも多い [Cinerama は Panorama の analogy だから cinorama が正しいとされている]。

　以下に，代表的な型を示す。

comsat	[*com*munications+*sat*ellite]	（通信衛星）
rawin	[*ra*dio+*win*ds-aloft]	（レーウイン）
vidicon	[*vid*eo and *icon*oscope]	（ビジコン）
radiogram	[*radio*+*gram*ophone]	（《英》ラジオ，兼用電蓄）
deformeter	[*deform*ation+*meter*]	（ひずみ計）
ecosystem	[*eco*logy+*system*]	（生態系）

radome	[*rad*er+*dome*]	(レドーム)
telecamera	[*tele*vision+*camera*]	(テレビジョン・カメラ)
teleprinter	[*tele*type+*printer*]	(印刷電信機，テレプリンター)
trafficator	[*traffic*+*indicat*or]	(方向指示器)
varindor	[*var*iable+*induc*tor]	(可変誘導器)
Quink	[*qu*ick+*ink*]	(パーカー・インクの商標名)
Mobiloil	[*auto*mobile+*oil*]	(ガソリンの商標名)

1.2.2　頭字語

　頭字語（acronym）は頭文字語（initial word）ともいう。適当に母音をはさんで1語として棒読みにしやすい形にしたものが多い。
数語からなる語を1語に圧縮したきわめて便利な語形成である。なお，混成に入れている文法書もある。

radar	[*ra*dio *d*etecting *a*nd *r*anging]	(レーダー)
laser	[*l*ight *a*mplification by *s*timulated *e*mission of *r*adiation]	(レーザー)
maser	[*m*icrowave *a*mplification by *s*timulated *e*mission of *r*adiation]	(メーザー)
loran	[*lo*ng *ra*nge *n*avigation]	(ロラン)
rem	[*r*oentgen *e*quivalent in *m*an]	(レム)
COBOL	[*co*mmon *b*usiness *o*riented *l*anguage]	(コボル)
rpm	[*r*evolution *perminute*]	(毎分…回転)
medlars	[*med*ical *l*iterature *a*nalysis and *r*etrieval *s*ystem]	(メドラーズ)
grace	[*gra*phic art *c*omposing *e*quipment]	(グレース)
Tiros	[*t*elevision *i*nfra *r*ed *o*bservation *s*atellite]	(タイロス)

| LM | [*lunar module*] | （月着陸船） |
| VHF or vhf | [*very high frequency*] | （超短波） |

棒読みできないものを頭文字語として，頭字語と区別している文法書もある。

1. 2. 3　省略語

省略語（shortening）は切株語（stump word），端折れ語（clipped word）などといい，アクセントに関係なく多音節語の一部を省略して新語を作る。作られた新語の多くは単音節か 2 音節の傾向が強い。形式ばらないで，くだけた（informal）語が多い。

(i) 頭部の残ったもの

auto	[*auto*mobile]	（自動車）
gas	[*gas*oline]	（《米》ガソリン）
magneto	[*magneto*electric generator]	（マグネット発電機）
mike	[*m*i*c*rophone]	（マイクロホン）
snap	[*snap*shot picture]	（スナップ）
stereo	[*stereo*phonic sound reproduction]	（ステレオ）
strobe*	[*strob*oscope]	（ストロボ）
telephoto	[*telephoto*graph]	（写真電送）

*strobo の o が e に変わったケース

informal ではあるが，

| movie | [*mov*ing picture + *-ie*] | （映画） |
| talkie | [*talk* movie] | （トーキー） |

のように，愛称的指小尾辞（diminutive）のついたものもある。

(ii) 中間部省略のもの

bike	[*bi*cycle]	（自転車，オートバイ）
E-boat	[*enemy* boat]	（イー・ボート）
nylons	[*nylon* stockings]	（ナイロン製靴下）

[cotton stockings, silk stockings を cottons, silks とはいわない]

(iii) 後部の残ったもの

bus	[omni*bus*]	（バス）
car	[motor*car*]	（自動車）
phone	[tele*phone*]	（電話）
plane	[air*plane*]	（飛行機）

1.3　明確な単語の選択（一語一義の原則）

　日本語は曖昧だという人がいるが，果たしてそうだろうか。日本語では曖昧でも理解できる場合が多いし，曖昧語を用いると親しみを感じるケースが多いのである。
　例えば，

　　「タクシーを拾ってくれない」
　　「今日は会社はない」
　　「早稲田にお出でになるには，高田馬場で降りてください」
　　「観光客が落とす金」
　　「お湯が沸く」

など枚挙に暇が無い。タクシーは落ちていないし，会社がないわけではない。高田馬場の何から降りるのか，観光客は金を落としはしない。お湯はすでに沸いているのである。すべて曖昧だから，このまま英語にするとおかしいばかりでなく，相手に理解できない英語になってしまう。ここで，一語一義（one word・one meaning）を常に頭に入れておく必要がある。
　相手に正しく伝えたければ，用いる単語は「一語一義」に徹することを勧める。「誰が，いつ，どこで読んでも，聞いても」まったく同じ反応をしないと相手は正しい行動がとれない。実用文は合図のラッパ（bugle call）と言われている所以である。
　上の日本語をそれぞれ英語にすると，次のようになる。

　　・Will you get me a taxi?
　　・We have a holiday today. または I am off today.
　　　　　　　　　　　　　（この日本語からはどちらかは理解できない。）
　　・Please get off the train at the Takadanobaba Station.

- the money that tourists spend
- Water boils.

　日本人に英語を長年教えているアメリカ人が，日本人に "How many fingers do you have?" と聞くと，ほとんどが "I have twenty." と答えると言っていた。日本人は手の指，足の指を区別して呼ばない習慣があるから，このように答えるのだろう。足の指で人など差せないのに，足の「人差し指」といって平然としている人もいる。finger は thumb（親指）を除いた手の指である。親指は thumb だから finger には含まれない。足の指は toe で，親指から big toe, second [third, fourth] toe, little toe という。したがって英語では "I have eight fingers." が正しい答えである。

　「良い先生」に Mr. Kuboyama is a nice teacher. と言う人が多いが，文法・構文は正しいが，nice が曖昧である。nice の代わりに well-organized; informative; devoted; capable; considerate; competent; well-liked などが考えられる。

　「注文した本は出きるだけ早くお送りください」に Please send me as soon as possible the book I ordered. では注文を受けた方は為すすべがなかろう。send が曖昧。by airmail か by sea [surface] mail にする。航空便で送って欲しいなら send を airmail に変えてもよい。as soon as possible も曖昧であると同時に失礼になることがあるので注意。by the end of June （6月の終わりまでに）のように期日を明確に書くべきだろう。the book も題名を明記するとよい。

　某社の時計のマニュアルに The single mainspring key is good for both time and alarm. とあるが，is good for は何を意味するだろうか。恐らく「一本のメインスプリングキーで時間とベルの両方に役立ちます」と原文の日本語には書いてあったのを訳者が文字通りに訳したのだろう。日本人は相手の

1.3 明確な単語の選択（一語一義の原則）

書いた文の内容を推測する習慣がある。欧米では読み手が理解できるように書く努力をする。私は日本人だから推測すると is good for は winds のことだろう。つまり The mainspring key winds both time and alarm. とすると明確になり，推測しないですむ。

....

　ABC Company の車に乗って事故にあったユーザーが ABC 社を訴えた。それに対して，事故は XYZ が製造したタイヤを使ったのが原因だと ABC 側が主張した。そのため，XYZ 社の社長が立腹して，ABC 社の社長に宛てた手紙は次の文面で始まっている（Salutation 省略）。

> Today, I am informing you that XYZ, Inc. is ending its tire supply relationship with the ABC Company.

「本日，貴社とタイヤを供給するビジネス関係を終結する」のことだが，ここで end に注意しよう。「(取引関係を) 止める；終える；終了する」という日本語には英語の stop や finish が浮かんでくるだろうが，stop だと終了の意味が弱く，状況によっては再開の可能性も含まれる。The rain has stopped. では，また降るかもしれないことを意味する。finish だと I've finished reading the book. のように用いて，終ることを予期していることになる。end だと The war ended in 1975. や The party ended at noon. のように用いて，It no longer exists.（もはや存在しない）を意味し，「終ってなくなる」，つまり，再開の可能性はないことを暗示する。

....

　短く適切な言葉で相手の急所や物事の要点をつくことを「寸鉄人を刺す」（Words cut more than swords.）というが，用いる単語で状況が一変することがあるので，単語は常に慎重に選ぶべきだ。
　書いた文章を読み返すときも，一語一義の単語を選んでいるかをチェックする習慣をつけるとよい。
　日本語で「～を言う」に対して，常に say を使う人がいるが，advise; announce; answer; assert; declare; describe; express; maintain;

mention; refer to; relate; remark; reply; speak; state; tell; talk; etc. などから，状況に応じて，適切な語を選んで使うと効果が上がるのである。say の後には，通常，話した言葉を書くと覚えておくとよい。think も同じで，I think ... を好んで使う人がいるが，「物思いにふける」ことになり曖昧だから，ビジネスの世界では I believe ...，I'm sure ...，I'm confident ... など，明確な英語を選んで使うことを勧める。

　実用の世界では状況に適した「一語・一義」の単語を選ばないと相手に正しく伝わらないだけでなく，誤解を招くことになる。

1.4　語と語の大切な相性

　語と語の相性（collocation）はそれぞれの国の言葉により異なるので，適切な語を選ばないと内容が変わってしまうので注意しなければならない。

　日本語を覚えたばかりの外国人が，「ご飯しますか？」「コンピューターしますか？」のように，名詞に片っ端から「～する」をつけて，動詞代わりに使っているのを耳にする。日本人でも「将棋をする」「碁をする」「注射をする」「お灸をする」と言ったり，書いたりする人がいる。逆に，「修理を行う」「印刷を行う」のように「～する」でよいものを「～を行う」と組み合わせている人もいる。「将棋は指す」「碁は打つ」「注射は打つ」「お灸はすえる」である。「弱音」は「言う」ものではなく「吐く」ものだし，「グチ」も「言う」ものではなく「こぼす」ものである。「書物に慣れて育つ」ではなく「なじんで育つ」のであり，「せっけんが水に慣れる」ではなく「水になじむ」のである。

　このように，名詞に付く動詞や形容詞，動詞に付く副詞は決まっている。つまり相性があるのだ。意味が取れても，読み手が期待している相性の合う言葉を使わないと，教養のほどが疑われる。

　相性を変えると英語は内容が違ってしまうことが多いから大変だ。

　レントゲン検査で「息を止めて」に Stop your breath. では「死ね」ということになりかねない。Hold your breath. である。

　「カーテンを干して下さい」に Dry the curtain. では「濡れているカーテンを干す」ことになる。「乾いているカーテンを干す」のであれば，Air the curtain. である。

・・・・・・・・・・・・・・・・・・・・・・・・・・・・・・・・・・

「食べる」を検討してみよう。

　「昨晩は何を食べましたか」には What did you eat [have] for dinner last evening? で，eat と have が使えるが，「昨晩はご飯二杯食べました」には I had two bowls of rice last evening. と言えても I ate two bowls of rice .... では「茶碗を食べた」ことになる。

1. 単語の正攻法

「フルーツは自由に取ってお食べください」には，Please eat any fruit as you like. ではなく，Please help yourself to the fruit. が普通である。

日本語では同じ「食べる」も英語では次のように異なる。

「日本人は米を食べる」
(The Japanese eat rice.)

「牛は草を食べる」
(The cow feeds [*or* grazes] on grass.)

「一月に10万円で食べていくのはとても難しい」
(It is very difficult for me to live on ¥100,000 ($120) a month.)

「彼女はスプーンでその赤ん坊に食べさせた」
(She fed the baby with a spoon.)

「あっさりした食べ物」は plain [*or* simple] food,「美味しい食べ物」は delicious [*or* tasty] food,「美味しそうな食べ物」は appetizing food,「しつこい味の食べ物」は heavy food,「辛い食べ物」は hot food と名詞に付く形容詞も決まっているものが多い。

・・・・・・・・・・・・・・・・・・・・・・・・・・・・・・・・・・・・・・

相性感覚に迷ったら例文の多い英英辞典でチェックすることだ。例文が見つからないときのチェック法の一つに，その物を調べるとよい。たとえば，「鼻をかむ」に迷ったら「鼻をかむ物」，つまり handkerchief と tissue を引いてみる。前者には for drying the nose とあり，後者には for blowing the nose とあるから，ハンカーチーフでは dry，ティッシュでは blow が正しいことが分かる。

1.4 語と語の大切な相性

状況から類推することもできる。たとえば，「湿気を防ぐ」の「防ぐ」が分からないとしよう。

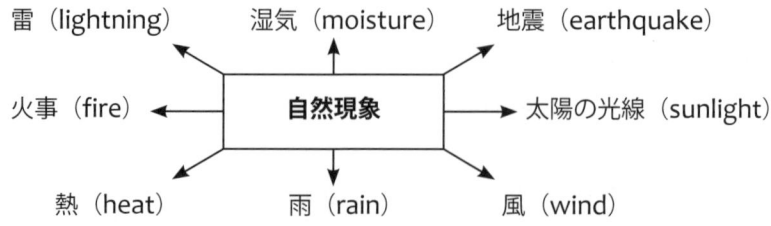

この自然現象の表から「雨を防ぐもの」に umbrella が浮かんでくるので，umbrella を英英辞典で引くと a device for protection from the weather .... と説明していることから，「雷」「湿気」「地震」「火事」「太陽の光線」「熱」「風」「雨」などの自然現象すべてに protect from が使えることがわかる。

逆に動詞から推測が付く場合もある。「(電灯などを)を「消す」[つける]」は turn off [turn on] だから，消す物 [つけるもの]，つまり the light; the gas; the radio; the television などを「消す」には turn off が，「つける」ときは turn on が使える。

「動く」もいろいろある。「コンピューターが動かない」に The computer does not move. では「位置が変えられない」ことになり，The computer does not run [or work, operate]. では「可動しない」ことになる。「船を動かす」は sail the ship である。

時計のインストラクションに To stop the bell while sounding, push the alarm stop button とあるが，これでは「音を出しながら動いているベルを押さえつけるには，ボタンを強く押せ」になるので To turn off the bell [または To stop ringing the bell], touch the alarm stop button. がよい。

コンピューターが正常に可動しなくなって，サービス会社に問い合わせたところ，「プログラムは立ち上がっていますか」と質問され，「私は座っています」と落語のような返事をしたとか。

　「会を開く」と「会を開始する」も混同したら大変である。前者は The conference is opened once a year. とすると，文法と構文は正しくても内容がおかしくなる。conference は open するのではなく hold するものだから opened は held が正しい。「彼女はその会を歓迎のスピーチで始めた」に She held the conference with a speech of welcome. もおかしい英語である。held は opened にする。

　「薬を飲む」も take や drink や swallow では薬の種類や動詞を変えなければならない。例えば，「薬を飲む」は和英辞典には take the medicine と書いてあるが，「水薬を飲む」は drink the liquid と drink を使う。「錠剤を飲む」は swallow the tablet だが，「軟膏（ointment）」は「飲めない」ので apply the ointment と apply を使う。しかし，「塗り込む」のであれば rub the ointment である。仮に「伸ばしながら塗る」のであれば spread the ointment のように spread となる。

　日本人は英語の，いわゆる熟語（idiom）に極めて弱い。これは文化の違いが影響するからだ。たとえば，

　　She was over the moon about her new job.

とか

　　The exam was a piece of cake.

の文は何を意味しているだろうか。字面からは理解できないから英語を母語としない人には熟語は難しいというのである。
　上の英語は

1.4　語と語の大切な相性

She was extremely happy.（彼女はとても幸せだった）

であり，その下の英語は

The exam was very easy.（試験は非常に易しかった）

のことである。

　熟語の例として as cool as cucumber（落ち着き払って）; bend over backward（懸命に努力する）; get one's deserts（当然の報いを受ける）; odd or even（丁か半か）; prick a bubble（幻想を砕く；化けの皮を剥ぐ）などを学校で習った筈だが，実用文ではあまり使わないので安心してよい。

●●●力試し●●●

次の下線部を一語の明確な英語で表現しなさい。

a) The police have received the complaint, and they are <u>looking into</u> it.

b) The new computer <u>makes for</u> greater productivity.

c) The rocket is <u>set on fire</u> by remote control.

d) Water <u>turns to</u> ice at 32°F.

e) Water is <u>made up</u> of hidrogen and oxygen.

f) Impurities must be <u>got rid of</u> by smelting.

g) A mirror <u>throws</u> light <u>back</u>.

h) The sound is <u>increased in strength</u> with the use of a microphone.

i) Contaminated air is <u>taken out of</u> the room.

j) The vibrations <u>are</u> partly <u>sent back</u> to the surface.

解答　a) investigating　　b) contributes　　c) ignited
　　　d) freezes　　　　　e) composed　　　f) removed
　　　g) reflects　　　　　h) amplified　　　i) removed from
　　　j) reflected

日本語の動詞は同じだが，英語では異なる例

「nomu（飲む）; nuru（ぬる）」

(a) 薬を<u>飲む</u>
   take medicine; drink medicine; swallow medicine; apply medicine (an ointment)

(b)「ぬる」：次の空所に正しい動詞を入れなさい。
   1.「壁にペンキを白くぬる」　→（　　）the wall white
   2.「パンにバターをぬる」　　→（　　）butter on the bread
   3.「手にこのクリームをぬる」→（　　）this cream to your hands
   4.「皮膚にオリーブをぬる」　→（　　）olive on your skin

解答　1. paint　　2. spread　　3. apply　　4. rub

日本語の動詞は異なるが英語が同じ例

次の各文の下線部に当たる英語の動詞を空所に入れなさい。

1.「圧力を<u>加える</u>」　　　　　（　　）pressure
2.「油を<u>注す</u>」　　　　　　　（　　）oil
3.「ブレーキを<u>踏む</u>」　　　　（　　）the brakes
4.「壁にペンキを<u>塗る</u>」　　　（　　）paint to the wall (or [paint] the wall)
5.「頬に白粉を<u>はたく</u>」　　　（　　）some powder to her cheeks
6.「マッチで火薬に火を<u>つける</u>」（　　）a match to gunpowder
7.「傷に膏薬を<u>塗る</u>」　　　　（　　）a plaster to the wound
8.「金を借財の<u>返済に使う</u>」　（　　）money to the payment of a debt
9.「研究に<u>専心する</u>」　　　　（　　）one's mind to study
10.「英語の勉強に<u>身を入れる</u>」（　　）oneself to learning English
11.「入学を<u>志願する</u>」　　　　（　　）for entrance

解答　すべて apply

1.4　語と語の大切な相性

形容詞＋名詞

動詞だけでなく，名詞に前置する形容詞にも相性がある。

a) *big* business; *core* business; *private* business; *profitable* business; *small* business
このイタリックの例の形容詞は認められるが，次の形容詞は認められない。
*center business; *great* business; *large* business; *open* business

b) *chain* smoker; *heavy* smoker; *light* smoker; *passive* smoker; *regular* smoker
このイタリックの例の形容詞は認められるが，次の形容詞は認められない。
*string smoker; *big* smoker; *large* smoker; *weighty* smoker; *active* smoker

c) *black* coffee; *dark* coffee; *milky* coffee; *strong* coffee; *weak* coffee; *white* coffee
このイタリックの例の形容詞は認められるが，次の形容詞は認められない。
*brown coffee

d) *dry* wine; *red* wine; *rose* wine; *white* wine
このイタリックの例の形容詞は認められるが，次の形容詞は認められない。
*wet wine; *brown* wine; *yellow* wine

次例の形容詞はどうだろう。
「私はこくのある赤ワインが好きだ」*I like *heavy* red wine.
「私は大盛りカレーを食べた」*I ate *big piled-up* curry and rice.

heavy では「こくはあるが風味がない」ことになるので **a full-bodied** がよい。
big piled-up は日本語をそのまま英語にした印象をうける。**jumbo-sized** が正しい。

1. 単語の正攻法

動詞＋副詞

動詞に付く副詞にも相性がある。

「ブレーキを強く踏む」に brake *hard; heavily; sharply; suddenly; violently* は認められるが，*brake *strongly* は不可。

a) 「私は<u>過って</u>眼鏡を水に落とした」
   *I *wrongly* dropped my glasses into the water.
b) 「私たちはその島で人口密度が<u>もっとも小さい</u>地域を調査した。」
   *We investigated the *smallest* populated region of the island.

上の a), b) の文のイタッリクの副詞は認められない。

a) は「偶然に；ふと」が浮かべば **accidentally** が使えることが分かる。
b) は「まばらな；薄い」が浮かべば **the most sparsely** か **thinly** が使えることが分かる。

このような結びつきは英英辞典や Collocation 辞典で調べる以外に方法はないだろう。

1.5　幼稚な動詞（Weak verbs）は回避

「やさしい単語を使え」と勧めている参考書が多い。そのため，英語をかなり使いこなす人でも，錯覚からか be 動詞や have 動詞などを本動詞として無意識に使う傾向にある。これらの動詞に頼り過ぎると，文意が曖昧になったり，幼稚になったり，文がいたずらに長くなったりして，気の抜けたビールのような味のない異様な文になってしまう。英語を指導する専門家の中には be; get; have; make; take; use などの動詞を Weak verbs in English. と嘲笑して，その使用を戒めている。

....

次のような日本文がある。

a)「カメラは写真を撮る機械で<u>ある</u>」
b)「電気を<u>切る</u>と，コイルの磁性は<u>直ぐなくなる</u>」

これを，それぞれ次のような英語に直したらどうであろう。

a′) *A camera *is* an apparatus for taking pictures.
b′) *If the electricity *is off*, the magnetism of the coil *will* be lost *soon*.

イタリックの英語 **is** が幼稚である。

a′)は **is** を論文や報告書などでは **is defined as** か **refers to** に，契約書，提案書，説明書などでは **means** にするのが普通である。

b′)は **is off** を **is disconnected** にする。**will** では 99% ほど磁性をなくすことになる。必ず磁性をなくすので **will** は不要。

....

次の日本文を英語にしてみよう。

a)「このオーバーヘッドプロジェクターにはアームが 2 本<u>付いている</u>」
b)「壁にはコンセントが<u>付いている</u>」

a′) *This overhead projector *has* two arms.
b′) *The wall *has* an outlet.

この文では **have** が幼稚である。
(a')(b')共に **is equipped with** がよい。

....

「ABC 会社は自動車メーカーです」を英語で，
*The ABC Company *is a maker of* automobiles.
と書いたとしよう。

この **is** は，主語と補語を連結している動詞に過ぎないので，まったく意味内容を持たない。

また，日本語の「メーカー」は企業を指すが，英語の **maker** は個人を指す。日本語の「メーカー」に当たる英語は **manufacturer** である。
動詞の意味を具える名詞は動詞形で用いると，語数を節約すると同時に文も引き締まるので，この英文は

The ABC Company *manufactures* automobiles.

とするとよい。

....

次例を検討してみよう。

「彼女はきのう病気で床についていた」を
*She *was ill* yesterday, and she *was* lying in bed.

としても意味は通じるが，いたずらに語数が多くなり，かつ幼稚になる。この **was** も具体的な意味内容を持たず，主語に対する叙述という機能を持っているに過ぎない。

この英文の不要語を削除して，
次のように簡潔に表現しても意味内容は同じである。

She *lay* ill in bed yesterday.

会話なら，曖昧な英語を使っても相手は聞き返してくれるが，書いた文は聞き返せない。一方通行である。

....

1.5 幼稚な動詞は回避　　35

be 動詞と同様，have を好んで用いる人がいる。

たとえば，
「この自動車にはエアコンが付いていない」を
*This car does not *have* an air-conditioner.
と書く人が多いが，幼稚な英文であることに気付かないらしい。相手に通じればどんな英語でもよいは，いただけない。
This car *is* not *equipped with* an air-conditioner.
が，格式を重んじる場合の書く英語としては相応しい。

....

「自動車はガソリンを使う」
「この機械は直流を使う」と書く人が多い。
この日本文をこのまま

The car uses gasoline.
This machine uses DC.

と英訳する人が多い。

曖昧な日本文を英訳してはならない。

「自動車はガソリンで走る」のだから
A car runs on gasoline. である。
runs は is driven とか is operated が格式英語になる。

「この機械は直流を使う」も
This machine is driven [*or* operated] on DC. が良い。

私は学習者に Don't use 'use.' と注意している。

....

　be, have の他に，意味のない give, make のような単音節語からなる動詞句を使うと，ことばを濁しているようで読み手は訝しい思いをする。句動詞も意味内容を曖昧にするので書く英語では，明確な一語の動詞に

置き換えたほうが，内容が眼前に浮かんでくる。「動詞形のある名詞は動詞の形で用いる」と無駄がなくなり文が引き締まる，というルールを守ることを勧める。

●●●練習問題●●●

次の文章で用いられている動詞(句)は適切か，検討してみよう。

a) He *gave* me *encouragement* to apply for the job.

b) He *made a complaint* to Professor Tanaka about his grade yesterday.

c) His speech *broke up* all hopes of a peaceful settlement.

d) The class *was broken up* into three groups.

e) To *get around* the city center, turn left when you arrive at the third traffic light.

f) His boss told him to *hold back* from giving his opinion.

g) The pressure is *held back* by this lever.

h) They are *placing pressure* to change the law.

i) This chapter *provides an explanation of* how to use the digital camera.

j) They *held back* from tears at the press conference.

解答

a) 「彼は私にその職業に応募するように勇気を与えてくれた」
の内容で，*encouragement* は encourage という動詞があるので，gave を削除して He *encouraged* me to apply for the job. がすっきりしてよい。動詞形のある名詞は動詞の形で用いると文の無駄もなくなり，簡潔になる。

b) 「彼は田中教授に成績についての不平をいった」
の内容で，*complaint* には complain という動詞があるので，made を削除して He *complained* to Professor Tanaka about his grade. がすっきりしてよい。このような動詞は give, make だけではない。Weak words 一覧表参照。

c) 「彼の演説は平和的な解決の望みをすべて打ち壊した」
の内容で，His speech *destroyed* all hopes of a peaceful settlement. のほうが分かり易い。句動詞は内容が眼前に表出できないことが多いので，書く英語ではできる限り避けたほうがよい。また，日本人の英語学習者は句動詞に弱い傾向にあるので，内容を間違えて理解してしまうことが多い。

d) 「そのクラスは三つに分割された」
の文は，次のほうが分かり易い。The class *was divided* into three groups.

e) 「city center を避けるには，三番目の信号を左に曲がりなさい」
は，To *avoid* the city center, turn left at the third traffic light. が簡潔でよい。

f) 「彼の上司は彼に意見を述べるのを思い留まるようにいった」
は，His boss told him to *desist* from giving his opinion. がよい。

g) 「圧力はこのレバーで制御される」
は，The pressure is *controlled* by this button. と書くと分かり易い。特に，句動詞は多義語になる傾向があるので，正確性を要求する科学技術の分野では，できる限りその使用は避けた方がよい。

h) 「彼らは法律を変えようと圧力をかけている」
この例では pressure は動詞でも用いることができるので，They *are pressuring* to change the law. がよい。

i) 「本章はデジタルカメラの使用法を説明している」
この英文も，This chapter *explains* how to use the digital camera. がよい。

j) 「彼らは記者会見で涙をこらえた」
の英文で，イタリックの *held back* というような句動詞な They *refrained* from tears at the press conference. のように一語動詞に置き換えた方が意味・内容が明確になる。

1.6 主な曖昧語（Weak words）表

格式ばった文書・論文 などでは避けたい語	使用を勧めたい語
bad	→ disadvantageous, harmful, inauspicious, negative, substandard, unaccepted, etc.
be, do, have	→ 曖昧，かつ幼稚だから本動詞としては，できるかぎり用いないほうが良い
besides	→ in addition, further(more), moreover, etc.
big	→ important, influential, major, powerful, significant, substantial, substantive, etc.
discuss	→ analyze, concern, debate, explore, study, tackle, talk over, etc.
end	→ cease, close, complete, finish, etc.
get	→ apprehend, contact, experience, obtain, procure, receive, understand, etc.
give	→ allow, contribute, convey, organize, present, produce, provide, etc.
good	→ advantageous, beneficial, benign, excellent, positive, superb, valuable, etc.
keep	→ continue, maintain, preserve, provide, remain, retain, etc.
know	→ determine, disclose, discover, distinguish, experience, realize, uncover, understand, etc.
little	→ inconsequential, insignificant, insubstantial, minor, trifling, trivial, unimportant, etc.
now	→ currently, presently, at present, etc.
make	→ appoint, construct, perform, perpetrate, prepare, reach, etc.
nice	→ agreeable, amiable, courteous, elegant, enjoyable, pleasant, polished, polite, respected, satisfying, etc.

put	→	leave, place, plant, position, settle, stick, etc.
run	→	drive, function, operate, etc.
say	→	add, announce, comment, declare, deliver, indicate, mention, observe, remark, repeat, state, etc.
see	→	examine, inspect, discern, observe, perceive, view, etc.
take	→	accept, ascertain, capture, derive, extract, occupy, remove, subscribe, subtract, etc.
start	→	begin, establish, initiate, introduce, outbreak, outset, etc.
think	→	analyze, appreciate, believe, consider, consult, convince, estimate, examine, mediate, speculate, etc.
use	→	consume, drive, exercise, function, manage, operate, etc.
way	→	method, methodology, mode, process, procedure, technique, etc.
wonderful	→	delightful, fantastic, glorious, magnificent, sensational, superb, tremendous, etc.
write	→	communicate, compile, compose, correspond, formulate, inscribe, record, sign,

　明確な英語の動詞が選べない人は，明確な日本語の動詞も選べないだろう。明確な動詞を選ぶには英語では Thesaurus を，日本語では『類語辞典』の使用を勧める。これらを利用して，日本語でも明確な動詞を選べるように心掛けることを勧める。

2. 必須な論理構成

2.1 不快感・好感を与える英文（Tone）

　日本語にも尊敬語，丁寧語，謙譲語とあるように，英語にもこれに相当する表現がある。敬意が払われることを期待している相手に，馴れ馴れしく書くと，相手から無視される危険があるし，文句をつけたいのに丁寧すぎる表現を使うと，相手にこちらの不満や激怒が伝わらなくなる。状況に適した英語で書かないと受信者は発信者を軽蔑するだけでなく，協力する意思さえ失うだろう。そこで大切な語調（Tone）について検討しよう。

　　　「貴社のコンピューターのカタログを航空便でお送りください」

の日本語の依頼文に対して，次のような英文を書いたとしよう。それぞれの英文は相手にどのような印象を与えるだろうか。

1. Send me the catalogue of your computers by airmail.
2. Please send me ....
3. Kindly send me ....
4. You are kind enough to send me ....
5. I would be obliged to you if you would send me ....
6. Will you send me ...?
7. Would you send me ...?
8. Could you send me ...?
9. I'd appreciate it if you could send me ....
10. It would be appreciated if you could send me ....
11. I'd appreciate your sending me ....
12. Would you mind sending me ...?
13. I wonder if you'd send me ....
14. I was just wondering if you'd send me ....
15. I'd be more than happy if you'd send me ....

［注］上の動詞はすべて send だが，send ... by airmail を，状況に応じて airmail me ... と airmail の動詞形を使ってもよい。

1. 命令調だから失礼極まりない。掲示文なら差し支えないが，このような依頼文では，相手に命令しているので，相手は違和感をいだくので不適切。

2. 丁重であるが，**please** を命令文に使うと絶対に実行して欲しいことを期待していることになるので，相手が嫌がっているときに使うと相手は戸惑うが，相手がこれから実行しようとしているような時に使うと相手は喜ぶ。アメリカ人はよく用いる。本などを注文するときも，**Please send me one copy of**（本の題名）. でよい。しかし先生や目上の人に "**Please correct my paper.**" などといってお願いすると，はっきり言い過ぎて失礼になるから注意。

3. **Kindly** は，命令文に使うと，横柄で皮肉っぽい（sarcastic）印象を与えることがあるので，目上の人や商業文では使わないほうがよい。

4. 文字通り「あなたは〜を送るという本当に親切な人です」ということで依頼していない。受信者は訝しがるだろう。不適切。

5. **obliged** を使っているので「（〜を送っていただけますれば）幸甚この上ご座いません」に近い意味になり，あまりにも丁寧過ぎる上に，堅くて，古い表現なので，今はあまり用いない。**to you** は不要。

6. 1. と同じで「要求」に近いので，ここでは不適切。友達同士ならよいだろう。

7. 7. と 8. はどちらでもよいことがあるが，やわらかく表現したいときは **Could** で始まる文がよい。どちらかというと 7. を好む人が多い。飛行機の乗務員は乗客に飲み物を聞くときに "**Would like coffee?**" "**Would you tea?**" のように Would you ...? を頻繁に使うが，これは乗客を差別しないで同じ扱いをしたいから "**Could you ...?**" を使わないのだろう。

9. 9. と 10. は仮定法を使っていて，あまりにも丁重すぎるので，いんぎん無礼な印象を与えることがあるので注意。10. は **It** で始まり，受動態だから誰が **appreciate** するか分からない。気取った（pompous）印象を与えるので通常は使用しないほうがよい。

11. ごく普通の丁重な文なので E メールや手紙などで好まれる。

12. 相手が嫌がっているときにお願いする表現で，このようは状況では不適切。

13. 13. と 14. は文法，構文上は正しいが，あまりにも遜（へりくだ）りすぎて，このような状況では通常は使わない。

15. 丁寧過ぎるので何か下心でもあるような印象を相手に与える。このような状況では通常は使わない。

そこで，ここでは，2. 7. 8. 11. が無難でよい。

....

　表現したいと思う丁重さの度合いは，発信者と受信者との人間関係，つまり，親しさによって変わる。しかし，状況がどうであれ，命令的で強く要求されると，相手をいらだたせ，侮辱することになるので，ビジネスを失敗に導いたり，友情の絆が断たれたりすることにつながるのである。

2.2　敬語に相当する英語（Softener）

　日本の大学で英語を教えているアメリカの先生が，日本の学生は実に傲慢な英文を言ったり，書いたりするので外国人は憤慨することがあると言ったのを耳にしたことがある。これは，英語の学習過程で Don't be afraid of making mistakes.（誤りを恐れるな）と指導を受けたのが原因であろう。学習過程と実務分野では事情が異なる。

　　"Could you tell me where the nearest station is?"

と聞かれて，知らないとき，

　　"I don't know where the nearest station is."

と答えては，文法も構文も間違いではないが失礼である。

　　"I'm sorry, but I don't know."

と教養のある人は I'm sorry を加えるのが普通である。
　実用面で英語を使うときは，文を和らげる語句（Softener）を使うことにより相手に同情心を喚起したり，共感を覚えさせたりする。

....

　たとえば，
　　"You like some wine."
　　（あなたはワインが好きね）
　は断定しているから失礼になる。

　この英文に I think か I hope を加えて，
　　"I think [*or* I hope] you like some wine."
　　（あなたはワインが好きだと思います）

2. 必須の論理構成

とすると丁寧になる。

これをさらに丁寧に表現したければ，

"I thought [*or* I hoped] you might like some wine."
(あなたはワインがお好きではないかと思いまして)

と think を過去形にして，その内容に適切な助動詞を加えればよい。過去形を使うと発信者の今の態度を曖昧にするので丁寧さが増す。

....

学校で，「好ましくないことを言ったり，無作法になりそうな発言を和らげたりする」ときは I'm afraid (that) …. を，「望ましい結果をいう」ときは I hope (that) …. を用いると習った。したがって，

訪問客が「そろそろお暇いたします」を

"I must leave now." と言うよりは
"I'm afraid I must leave now." と言うほうが丁重になり，

「何かご助言をください」に

"Please give me some advice." よりは
"I hope you'll give me some advice." のほうが丁重な表現になる。

....

ビジネスの世界では，独断的，断定的に書いたり，言ったりすると相手の感情を刺激する度合いが強くなるので，事態を和らげるために，appear; seem; think; suggest; suppose; wish などの Softener をよく使う。このほかに「相手の申し出を承諾する」ような場合は，書くときは be delighted to; be happy to; be pleased to などを，話すときは be glad to を，「相手の申し出に同意しなかったり，拒否したりする」ような場合は be afraid; fear; regret; be sorry; unfortunately などを主文に添えると語調が柔らかくなり，相手の好感度が増す。

「まだご返事をいただいておりません」に

I have not yet received your reply. では,
強い打消しなので失礼になる。これを

I'm afraid I have not yet received your reply. とか
It appears that I have not yet received your reply. とすると
丁寧になる。

....

仮にトラベラーズチェックを紛失した人が,

"I have lost my traveler's checks."
と言ったとしよう。これに

「では,お金を貸してあげましょうか」のつもりで

"I'll lend you some." と言うよりも
"I'll be glad to lend you some." のほうが
紛失した人へ同情を寄せる言い方になる。

....

「先約がありますので,この機会はあきらめます」に
I will have to turn down this opportunity because of other commitments.
では,状況によっては許されるが,失礼な印象を与えるので,

I'm afraid that I will have to turn down ....
のほうがソフトな印象になる。

....

「アメリカ人が言わないような非常に強い忠告的な応答をお許しください」に
Forgive the very un-American directness of my response.
では,「許せ」と強要していて失礼だから,

Please forgive the very ....
では,「どうか許してください」と悪いことをして許しを懇願しているような印象を与える。そこで

46   2. 必須の論理構成

I hope you will please forgive ....
で始めると真意が伝わる。

●●●練習問題●●●

次の英文に相手方へ配慮を示す Softener を付けてみよう。

1. You'll come and see us when you are in Tokyo.
2. We cannot comply with your request.
3. You are coming to meet with us.
4. I will provide other information you wish to know.
5. The meeting has been cancelled.

解説と解答

1. 「東京にお出でになりましたらお立ちより下さい」のことだから，*I hope you'll come and ....* または *I'm looking forward to seeing you in Tokyo.*

2. 「当社は貴社のご要請には応じることができません」のことだから，*We are afraid* [or *We are sorry*] *we are unable to comply ....* または *Unfortunately we are unable to comply ....*

3. 「あなたがお出で下さって私たちと話合ってくださるのですね」のことだから，*We are very pleased* [or *delighted; happy; glad*] *that you are coming to ....*

4. 「お知りになりたい他の情報を提供いたします」のことだから，*I will be delighted* [or *happy; pleased*] *to provide ....* などを使うと和らぐ表現になる。

5. 「その会合は取り消されました」のことだから，*I'm very sorry, but the conference has been cancelled.* がソフトな表現になる。

....

効果的なコミュニケーションを期待するのであれば，Softener をいつ使い，いつ使わないかを絶えず勘考した上で決めることが大切である。

2.3　概念や語を正しく説明（定義法）

　ある外資系の部長が就職応募者に "What is a camera?" と質問して、"A camera is what takes pictures with." と答えた人は採用を躊躇したと聞いたことがある。camera は what ではないからだ。外国人から

　　"What is Taro（太郎）?"

と聞かれたら、次のどの英語で答えたらよいだろう。

　　*"Taro is *what* I keep in my home."
　　*"Taro is *a thing which* a computer uses for a program."
　　*"Taro is *a man who* is often registered for a first son."

　これらはすべて好ましくない。Taro は what でもなければ、a thing でもなく、a man でもない。属する分類は a name（名前）だからだ。したがって、次のような英文が普通である。

　　Taro is *a name* for my dog.
　　Taro is *a name* for a computer program which is called *Ichitaro*.
　　Taro is *a name* for a first son often registered in the Meiji era.

　このように読者に用語［単語］の意味を文で、明確に説明することを文による定義（Sentence definition）といい、次の公式をもつ。

　　「用語［単語］(**term**) ＝ 分類(**class**) ＋ 区別(**differentia**)」

　ここでは Taro が「用語［単語］」であり、a name が「分類」であり、a dog / a computer program / a first son が「区別」である。Taro も「区別」で内容を異にするし、「分類」を間違えると、Hanako（花子）is a boy. というようなもので、類概念が違ってしまう。Hanako は a boy でも a girl でもなく a name である。

2. 必須の論理構成

「カメラは写真を撮る器械である」を英語の初学者は，日本語の「器械」につられて，無意識に次のように色々に分類するようだ。

> A camera is *a machine* [or *a device; a gadget; a piece of equipment; an apparatus; an appliance; an instrument*] for taking pictures.

ここで machine だと camera が電動製品のような印象を与え，device では曖昧だし，gadget ではちょっとした新奇で用途のわからない小道具になるし，a piece of equipment だと本体から分離している印象を与えるし，appliance では電気器具のような物になるし，instrument では筋肉を使わない道具［器具］になる。［分類］を間違えると内容が異なってしまうので注意が肝要だ。

Longman Dictionary of Contemporary English (*New Edition*) で camera を見ると，an apparatus for taking still or moving photographs. と説明している。つまり camera は apparatus に［分類］している。apparatus は「精密機械」や「実験器具」を意味する。しかし最近発行された英英辞典は a piece of equipment としているが，口語といえよう。

. . . .

「コンパス」を同辞典で見ると，

1. an instrument for <u>showing direction, usually consisting of a freely moving pointer which always turns to the magnetic north</u>.
2. a V-shaped instrument used for <u>drawing circles, measuring distances on maps, etc</u>.

と下線部で明確に［区別］している。

2.3 概念や語を正しく説明（定義法）

あるテレホンカードに

「表面にオートダイヤルと表示してあるカードは挿入すると自動的にダイヤルされるオートダイヤルカードです」と書いてあって，

A card printed "Auto-dial" on the surface is "Auto-dial-card" that dials automatically for you.
と英語で説明している。

日本語が
「オートダイヤル（カード）は〜オートダイヤルカードです」
と，カードが重複しているように，

英語も
A card printed "Auto-dial" is "Auto-dial-card."
と重複している。

これでは
"What is Taro?" と聞かれて
"Taro is Taro." と答えるようなもので
相手を軽視することになる。

A card with 'auto-dial' printed on the surface is a thin piece of plastic (card) that dials automatically for you.
が明確に分類した文となる。

　このように「用語［単語］」の部分の語［句］を「分類＋区別」の個所で使うと単語の重複になり，読み手は訝しがることがあるので，出来る限り避けるように心掛けるほうがよい。

　意味や内容が曖昧な単語，用語は使用する前に明確に定義をしておく必要がある。用語の意味，内容が理解できなければ，それにより説明される理論も，原理も，学説も，命題なども読み手は理解できないからである。

商品なども，用途を最初に正確に説明しておかないと，買い手はつかないだろう。専門用語や新しい製品を説明する実用文ではこの配慮は欠かせない。しかし，用語がラベル化していれば，わざわざ定義などしないで，その用語をそのまま用いた方が専門家には理解しやすい。

先に，「用語［単語］（term）＝分類（class）＋区別（differentia）の公式を挙げたが，英語の最初の文字を取ってT＝C＋Dと簡単に表現されている。しかし，パテントなどを申請する場合にはC＋D＝Tの公式を適用するのが普通である。

「新式エアコン（air conditioner）」を開発し，他のエアコンと性能などを区別（differentia）したいときに，次の英文のようにC＋D＝Tの表現をする。

> The transfer of heat from a region at a lower temperature to another region at a higher temperature means refrigiration.

この英文で transfer of heat が C（分類）で，from a region at ... a higher temperature までが D（区別）で，means が［＝］，refrigeration が T（用語）である。

●●●練習問題●●●

次の定義文では分類（class）が間違っている。訂正しましょう。

1. Snow is raindrops originating in the upper atmosphere.
2. Two processes to cool an engine are air and water.

解答

1. snow は raindrops（雨滴）ではない。某英英辞書によると，small soft white pieces of ice と C を説明しているが，幼稚である。crystal と表記している辞書もあるから，Snow is crystals originating in .... がよい。

2. C＋D＝Tの例。air and waterはprocessesではなく，substances か materials であるから，Two substances [or materials] to cool an engine are air and water. でもよいが，substance とか material を使うと専門用語を説明することになる。substance [or material] to cool は「冷却材」だから，専門用語では coolant である。従って，Two coolants for an engine are air and water. と直すといい。

2.3 概念や語を正しく説明（定義法）

2.4　縁語接近の原則

　修飾語，つまり，いくつかの形容詞や形容詞相当語（名詞や動名詞）が中心となる名詞の前に付くと，語順が問題になる。A.S. Hornby: *A Guide to Patterns and Usage in English* は，次のような表でその大体の語順を説明している。

Determinatives, etc.	Quality, etc.	Size, Length, Shape, etc.	Colour	Noun or Gerund	Noun
a very	valuable	large	blue	personal	computer
quite an	attractive	triangular	green	Japanese	stamp
a	useful	oblong	silver	candy	box
some	sour	large	green	eating	apples

この表を，日本語に直すと次のようになる。

限定詞など	品質，特徴など	大きさ，長さ，形など	色	名詞か動名詞	名詞
a very	valuable	large	blue	personal	computer
quite an	attractive	triangular	green	Japanese	stamp
a	useful	oblong	silver	candy	box
some	sour	large	green	eating	apples

　わかり易く，納得のいく説明である。最初の例で personal computer は製品名だから切り離せない。large と blue の語順を逆にして blue large とすると違和感を抱くので，やはり large blue である。「非常に価値のある」ことで「非常に大きい」ことではないので，この語順も納得がいく。
　修飾する語と修飾される語の位置が変わると，内容が変わったり，分かり難くなったり，誤解を招いたりすることがある。

某新聞の社会面に「勇敢な抱きつきスリを捕まえた大学生」とあったが，これは「勇敢な抱きつきスリ」ではなく「抱きつきスリを捕まえた勇敢な大学生」のことだろう。この種の例は類推できるが，次のように類推できない文もある。これも新聞から引用する。

「一連の幽霊学生事件でさらに別の大学の関係者が関与していた疑いが濃くなっており，…」

　実は「別の大学」ではなく「大学の別の関係者」だったのである。
　ある論文に「著者は20年ほど前に海水から採ったマグネシアを耐火レンガ原料とするプロジェクトにおいて…」とあったが，本当に「20年ほど前に海水から採った」のだろうか。「20年前のプロジェクト」ではないだろうか。後者であれば，「著者は海水から採ったマグネシアを耐火レンガ原料とする20年ほど前のプロジェクトにおいて…」と修飾する語（句）を修飾される語（句）に接近させないと読み手を誤解させることになる。この原則を「**縁語接近**」と呼ぶことにする。
　英語にも同じことが言える。

. . . .

　次の例は実に奇怪である。

　　*Yesterday I bought an armchair for an old gentleman *with wooden legs.*

この英文を書いた人は
「木製の足で出来た老人用のアームチェアーを昨日買った」
と言いたかったのである。

しかし，この英文では
with wooden legs が **an old gentleman** を修飾してしまうので
「義足の老人用のアームチェアーを買った」ことになってしまう。

そこで原文の内容を正しく伝えたければ

2.4 縁語接近の原則

Yesterday he bought an armchair *with wooden legs* for an old gentleman.

のように with wooden legs の位置を armchair の次に移動させる必要がある。「縁語接近」と考えておくと便利である。

・・・・・・・・・・・・・・・・・・・・・・・・・・・・・・・・・・・・

「当社の紳士服についての最新のカタログを送って欲しいという9月5日付けお手紙有難うございました」を次のような英文で表現する人がいる。

*Thank you for your letter *on September 5* requesting us to airmail you our latest catalog for men's wear.

これでは on September 5 が Thank you を修飾してしまうので「9月5日に有難う」になってしまう。

... requesting us *on September 5* to send you ....

とすると「9月5日に要求した」ことになり,

... to airmail you our latest catalog for men's wear *on September 5*.

とすると「9月5日に送る」ことになってしまう。

Thank you for your letter *of September 5* requesting us .... か Thank you for *your September 5 letter* requesting us .... と書けばよかったのである。

・・・・・・・・・・・・・・・・・・・・・・・・・・・・・・・・・・・・

関係代名詞で修飾するときも先行詞の置き場所が大切である。

*He inserted the pin of the industrial robot which had been damaged in the test chamber.

では「試験室で損傷した産業ロボット」になる。

「ピンが損傷をした」のであれば

He inserted *the industrial robot's pin which* had been damaged in the test chamber. とする。

さらに、「試験室で損傷した」のではなく、
「産業ロボットの損傷したピンを試験室に入れた」のであれば、
He inserted *in the test chamber* the industrial robot's pin which had been damaged.
とするか、

さらに明確に
In the test chamber he inserted the industrial robot's pin which had been damaged.
と位置を変える。

なお
the industrial robot's pin which had been damaged は
the industrial robot's damaged pin
としてもよい。

. . . .

次の英文も曖昧である。

*I told him *when you were traveling in the United States* the Kobe area was struck by a severe earthquake.

これでは、
when you were traveling in the United States が
前文を修飾するか後文を修飾するかわからない。

これを
When you were traveling in the United States, I told him ...
と前部に置くと、
「あなたがアメリカに旅行をしていたときに私が彼に言ったことは…」となり、

I told him the Kobe area was struck by a severe earthquake *when you were traveling in the United State.*
と後部に置くと、
「あなたがアメリカを旅行していたときに神戸地区が強い地震に見舞われた、と私は彼に言った」となる。

2.4 縁語接近の原則

次の例は内容が異なることがお分かりだろう。

Mr. Smith gave a piece of chalk to Mr. Stevenson covered with dust.
これでは「埃をかぶっているスティーヴンソン」となり,

Mr. Smith gave a piece of chalk covered with dust to Mr. Stevenson.
とすると「埃をかぶっているチョーク」となる。

....

The seller remembered quickly to thank the buyer.
この英語は quickly の位置が拙(つたな)い。
この位置だと remembered を修飾するのか,
thank を修飾するのかが定かでない。

そこで「売手が直ぐ思い出したことは買手に感謝することだった」と言いたいのであれば,
The seller *quickly* remembered to thank the buyer.
と quickly を remembered の直前へ移動する。

そうではなくて「売手が思い出したことは買手に直ぐ感謝することだった」と言いたければ,アメリカ英語では,
The seller remembered to *quickly* thank the buyer.
が好まれるが,

to と動詞の間に副詞を置くのを分離不定詞と言って,嫌うイギリス人が多いので,イギリス英語では,
The seller remembered to thank the buyer *quickly*.
と quickly が後置となる。

....

2. 必須の論理構成

The document has some mistakes in the data *which we want to recheck*.
この英文だと which 以下が the data を修飾し,「私たちが再点検を望むデータ」になる。

some mistakes を修飾するのであれば，縁語接近の原則から，
The document has some mistakes, *which we are trying to recheck*, in the data.
のように位置を変えて，カンマで区切ると明確になる。

....

　専門家の多くは Squinting modifier（やぶにらみの修飾語［句］）と言っており，私は Two meaning modifier（二つの意味を持つ修飾語［句］）と言っているが，うっかりすると曖昧な表現になるので読み手は困る。

He said on Monday the office would be closed.
この英文だと「月曜日に言った」のか「月曜日が休み」なのかが分からない。

そこで「月曜日に言った」のであれば
→ He said on Monday that the office would be closed.
と said の直後に on Monday を置き that を付ける。

「月曜日が休み」であれば
→ He said that on Monday the office would be closed.
あるいは
→ He said that the office would be closed on Monday.
のように on Monday を移動させる。

2.4　縁語接近の原則

●●●練習問題●●●

次の問題で修飾語句の位置を検討してみよう。

1. Did you tell him when he was in the office I was traveling in New York?

2. Mr. Stevenson gave a piece of antique furniture to Mr. Mathes covered with mud.

3. He likes her. に only を入れて見よう。置く位置により内容が変わる。
   a) *Only* he likes her.
   b) He *only* likes her.
   c) He likes *only* her.
   d) He likes her *only*.

解説と解答

1. Two meaning modifier の例である。次のように,2つの異なった意味になる。
   Revision 1: When he was in the office, did you tell him I was traveling in New York?
   Revision 2: Did you tell him I was traveling in New York when he was in the office?

2. Misplaced modifier の例である。次のように位置を変える。
   Revision: Mr. Stevenson gave a piece of antique furniture covered with mud to Mr. Mathes.

3. 縁のある語(句)はそれぞれ修飾する語(句)の近くに置くと分かり易い。
   a) 「彼だけが好き」
   b) 「彼女が好きなだけ」
   c) 「彼女だけが好き」
   d) 抑揚によって 3. か 4. の意味になるので,書くときは文尾に置かないほうがよい。

2.5　書類の種類で異なるスタイル（Style）

　日本語でも，書くときと話すときは，話題は同じでも選ぶ単語が違うし，表現も変えるし，文の長さも変わるように，英語でも同じである。つまり，スタイルが自ずと異なるのである。論文・レポート，プレゼンテーション，Eメールなどでもスタイルが異なるのは当然である。実務文書には契約書，提案書，説明書，カタログ，広告文などあるが，これらと学校で使うテキストの英語とは全く世界が違うので，スタイルも異なる。テキストでも，学童のテキストと中学生，高校生，大学生のテキストではスタイルが違うし，実務分野では，これらのテキストの英語は用を足さないといっても過言ではないだろう。学校のテキストの英語が論文やプレゼンテーションの英語とスタイルが同じ筈がない。実務文書でも契約書，提案書，カタログ，マニュアル，インストラクションなどの英語では，お互いにスタイルの相違が見られる。

　よく，「話すように書け（Write as you talk.）」と言うが，論文・レポートや実用文書を「話すように書く」と幼稚になるので嘲笑を買うだろう。この「話すように書け」は「相手が理解できるように書け（Write as the reader understand.）」を意味していることになろう。読む対象や分野により，文法や構文は同じでもスタイルが異なることに注意しよう。

・・・・・・・・・・・・・・・・・・・・・・・・・・・・・・・・・・

次の事柄からスタイルの違いを見てみよう。

「容器に水を入れる」

1) Fill the vessel with water.
2) I will fill the vessel with water.
3) We will fill the vessel with water.
4) You will fill the vessel with water.
5) One will fill the vessel with water.
6) They will fill the vessel with water.

7) The vessel requires being filled with water.
8) The vessel shall be filled with water.
9) The vessel should be filled with water.
10) Our vessel is filled with water.
11) Your vessel is filled with water.
12) The vessel will be filled with water.

そして，この結果を次の文で表す。

13) The vessel is filled with water.
14) The vessel was filled with water.

....

このように，同じ内容のことを言うのにも伝える目的や読む対象によりスタイルが変わる。

　1)は，命令文なので，「こうしなさい(Do this.)」，「ああしなさい(Do that.)」の書き方で，マニュアルの中や実験の指示文(Instruction)で使われるスタイルである。

　　[例] **Wind the mainspring key in the direction of the arrow.**
　　　　(メインスプリング用のキーは矢印の方向に巻きなさい)

　2)は，主語がIで「私はこうします」のことだから，会話文である。
　3)は，We will だから，二人以上で行うとき(行ったとき)の書き方で，相手を自分の方へ誘い入れる効果を狙っている。製品の説明，プレゼンテーション，テレビ会議，司会などが，発表者に注意を喚起するときに用いる。日本人はこの使い方がすこぶる弱い。

　　[例] 司会が発表者に「あと5分です」に
　　　　Five minutes is all *you* have.
　　　　ではなく，
　　　　Five minutes is all *we* have.
　　　　you が **we** に代わっている点に注意。

4) は，口の上手なセールスパーソンが使う you のケース。若年層を対象にしたテキストなどに使われる。

[例] You'll vote it's the best dandruff remover you ever tried.
（この薬は，今までお客様がお使いになった中で最高のふけ取りの薬だとお認められるでしょう）

— インストラクションの英語

[例] You can do the same experiment at your home.
（諸君も同じ実験を家でできる）

— テキストの英語

5) は，主語が one だから堅苦しい，古風な英語。Old-fashioned style と言える。鎧兜に身を固めて銀座の通りを歩くような style である。

6) は，They で始まっているので，話し手，あるいは書き手以外が起こす行動。

7) は The vessel must be filled with water. でもよいが，must は論文・レポートなどでは require にしないと読み手は「違いない」と解する可能性がある。

8) は，3人称の shall だから，He shall go there. = I will let him go there.（彼にお供をして，お送りしましょう）と同じで，1人称の命令文，つまり，科学技術分野では契約書や仕様書の文に用いる。

9) は，should だから提案書に用いる。

10) は，Our [当社の] を用いているので，カタログの英語。

11) は，Your を用いているので，マニュアルなどの説明書。

12) は，「誰かによって満たされるでしょう」と未来のことを言っている。

13) は，「容器は満たされている」という現在の結果を表して言っている。

14) は，「容器は満たされた」という，過ぎてしまった，過去の結果を表すので通常は過去を表す副詞を併用しないと内容が理解できない。

スタイルは，状況と目的に応じて書き手が決めなければならない。

2.5 書類の種類で異なるスタイル

2.6　大切な展開順序

　書き手や話し手の意図することを相手に理解してもらおうとするには述べる順序が大切である。順序を無視して，思いつくまま述べると相手は混乱し，まとまる話もまとまらなくなることがある。まとめる順序は，論理的であったり，川の水が上流から下流に流れるように自然でなければならない。このまとめる方法を順序立てるという。ここでは，いろいろな事柄を説明するときに守るべき順序を解説する。

　実用文では次の5つを守ることを勧める。

1. 重要な順に述べる
2. 時間順に述べる
3. 空間順に述べる
4. アルファベット順に述べる
5. 短い語から長い語，プラスからマイナスの要素で並べる

　1. は Descending order of importance とか Order of importance とか From importance to less importance という。簡単な例として，you and I; personnel and facilities; watch and chain（時計と鎖），bread and butter（パンとバター）などがある。and の前にきている名詞が後の名詞より重要なことが分かろう。

　読み手や聞き手はどこで読み辞めるか，聞き辞めるか分からないので大切なことから順に述べて行くと，大切なことが相手の記憶に残ることになる。忙しい人は，最初の1〜2行を読んで，その先は読まないかもしれない。

> Please attend the annual conference on February 10. Directors will discuss the new programs. They will also elect a new secretary and choose the meeting location for next year.

（2月10日に開催される年次大会に是非ご出席ください。理事が新しいプログラムについて話し合います。新しい秘書を選出し，次年度の開催場所も選びます。）

このパラグラフは，①会合への出席を促し，②新しいプログラムを話し合い，③新しい秘書を選び，④次年度の開催場所を決めるというように，重要な項目から書き始めている。①から④を逆に書いたら，順序が不自然になることに気付くだろう。

・・

「五感」を辞書はどのような順序で書いているかを調べてみよう。
- *Longman Dictionary of Contemporary English*（1987, 2003）は any of the five natural powers of sight, hearing, feeling, tasting, and smelling which ....の順序で挙げている。
- Cambridge: *International Dictionary of English* は ... any of the five physical abilities to see, hear, smell, taste, and feel ...
- *Macmillan English Dictionary* は ... most people have to see, hear, smell, taste, and feel things, known as the five senses ...
- 『ジーニアス英和』では，Human beings have five senses ― sight, hearing, smell, taste and touch.の順で挙げている。『ルミナス和英』も同じ順序であげている。

なぜ *Longman* だけが feeling と smelling を逆にしているのだろうか。

・・・・・・・・・・・・・・・・・・・・・・・・・・・・・・・・・・

2. は Chronological order とか Sequential order とか Time order とかといわれているが，事柄の進む順，機械の作動法・使用法，料理法，歴史の説明や道案内などに用い，応用範囲は広い。簡単な例として，hide-and-seek（隠れん坊）; on-off switch（切換えスイッチ）などがある。

2.6 大切な展開順序

また，次のような例も考えられる。

I stumbled on a stone and fell and sprained my ankle.
（私は石につまずいて転び，右足を捻挫した）

①石につまずいて，
②倒れ，
③足首を捻挫した，
の順で述べている。

製品のマニュアルなどでは，次のように，順序を必ず守らなければ，機械は使えない。

To remove the old cutters, depress the spring on the underside of the head assembly and slide the cutters out of their shells.
（古い歯を取り外すには，頭部の下側に付いているスプリングを強く押し，歯を外板から滑らせて外しなさい）

①（電器カミソリの）古い歯を外すには，
②頭部の下側についているスプリングを強く押し，
③板から歯を滑らせて外す，
の順で述べている。

3. は Spatial order といい，説明を，

「上から下」	(from top to bottom)
「近くから遠くへ」	(from near to far)
「時計の針のまわる方向」	(clockwise)
「内から外」	(from inside to outside)

というように，物体や図とか表を説明するときに，この順序を用いる。up and down がまず浮かぶ。「東西」は east and west だが，「南北」は英語では north and south の順になるので注意。

日本の島は，Japan consists of Hokkaido, Honshu, Shikoku, Kyushu, and Okinawa. の上から下への順序で述べる。

64　　**2. 必須の論理構成**

次例は，部屋を，中心から外へ，clockwise に説明している。

> The arrangement of my study is very simple. In the center of the room is a steel desk. On the right side of the desk is a side table, on which my personal computer is placed. In front of the desk is an armchair. To the left of the desk, against the wall, is a bench. Behind the desk, against the wall, is a bookshelf. To the right of the desk, against the wall, is the printer.

4. の Alphabetical order では，会議などへの出席者を列挙するときなどは，この順序で述べるのが普通である。

> man and woman
> boys and girls
> right and wrong

も，この順序である。man and woman は，次の 5. に分類されるとも考えられる。

5. では ladies and gentlemen や method and knowledge などが考えられる。つづり字の短い語を先に出すと口調がよいからだろう。

> light and darkness
> profit and loss
> supply and demand
> life and death
> rising and falling
> sweet and bitter
> joys and sorrows
> friend and foe
> rich and poor

などのように英語では，プラス要素からマイナス要素への順で述べる傾向がある。

これらの順序に不安になったら信頼できる辞書で確認することを勧める。

2.6 大切な展開順序

2.7　冒頭文とそれに続く文の展開法

　前項では，データを配列する順序が大切であると述べた。しかしデータだけを述べても何が言いたいのかは理解できないことに気付かない人が多い。論文やレポートの書き方の指導を受けた学生の多くは，「結論を先に述べろ」と，先生から注意されたことがあったに違いない。

　　生徒が，授業が始まっている教室へ入ってくるなり，

　「先生，電車が遅れたのです。」
　"Professor, the train I took was late."
　と息を切らせながら言う学生が多い。

　このようなとき，私は
　「だからどうしたのですか」
　"And so what?"
　あるいは
　"What do you want to appeal?"
　と聞くことにしている。

　なぜ最初に，
　「先生、遅刻をしました」
　"Professor, I am late for the class."
　と言えないだろうか。

　つまり、相手が「知りたいこと」を最初に言うべきだろう。これを大方の人は結論と言っている。
　この結論と言われていることを最初に言ったり，書いたりしておけば，聞き手や読み手は，これに続く内容が何を言いたいかが把握できるので，忙しい人や内容に関心がない人は，次を読まなくて済むのである。これが，結論の役目である。
　この冒頭文を，英語では General（総論）とか Topic sentence（要約文）とか Cored sentence（核文）という。

66　　2. 必須の論理構成

前項は，Particulars（各論）を配列する順序の大切さ述べたが，その各論（データ）の前に置くのが総論なのである。したがって，実用英語の Paragraph（段落）の多くは，総論から各論（General to Particulars [略して G to P]）へと展開していると思えばよい。Particulars は details ともいう。そして，各論は総論を支持（support）しなければならない。Paragraph は各論だけで構成したり，各論から始めたりすると読み手は内容が理解できないのである。探偵小説や時代劇や裁判の判決の多くは各論から総論へと展開されていると思ってよい。実用文のパラグラフ内では，次のように総論をそのデータの前に置くのが普通である。

General（総論）　　　_____
　detail（各論）1　_____
　detail（各論）2　_____
　detail（各論）3　_____
　detail（各論）4　_____

　仮に Tourism is big business in Guam.（観光事業はグアムでは大きな事業である）と書きたいとしよう。この文は書き手の見解を述べているので総論である。It is well known that stress affects workers' health.（ストレスは労働者の健康に影響を与えることは，よく知られていることである）も総論として認められる。
　総論は次のような特徴を具えるのが普通である。

・パラグラフ内の主要概念、つまり要点を述べる。
・書き手の意見・見解・考えを述べる。
・総論の内容は，それに続くすべての各論から支持されなければならない。

2.7　冒頭文とそれに続く文の展開法

次に総論の例をいくつかあげてみよう。

1. Advertising relies heavily on temptation.
   （広告は誘惑を非常に当てにする）

2. Many universities offer career education programs, some beginning as early as the first year.
   （大学の多くはキャリア教育プログラムを提供している。1学年から始めている大学もある）

3. Cigarette smoking should be banned in public places.
   （公の場所での喫煙は禁止すべきである）

4. The NHK new Sunday 8 p.m. program taught me how to enrich my life.
   （NHKの午後8時からの新しい番組は，私の生活を豊かにする方法を教えてくれた）

5. This report discusses the issues of company-wide management and staff training.
   （このレポートは企業の幅広い経営管理と社員を訓練する問題点を述べている）

これらの文に明確な各論（データ）を論理的に続けると一つの分かり易いパラグラフが完成する。したがって，各論は総論の内容を支持しなければ読み手は途方にくれることになる。

「総論では主要概念とか書き手の意見・見解・考えを述べる」と言っても，

> A computer costs more than a calculator.
> （コンピューターは計算器より値段が高い）
>
> Ice cream tastes better than yogurt.
> （アイスクリームはヨーグルトより美味しい）
>
> Leather shoes are more expensive than sneakers.
> （革靴はスニーカーシューズより高価である）
>
> Television is a valuable source of information.
> （テレビは大切な情報源である）

のような総論は，ライフスタイルを中心としたマスメディアの英語では認められるだろうが，学術論文や企業内のレポート類では，論ずるに足りないと敬遠されるのが普通である。あまりにも分かりきったことを総論で書くべきでも，言うべきでもない。また，

> The English achievement test was ninety minutes long.
> （英語のアチーブメントテストは 90 分続いた）
>
> I got a soccer ticket one month ago.
> （私はサッカーの切符を一ヶ月前に買った）
>
> Our company is located in Shinjuku.
> （当社は新宿にある）

のような文は事実であるから各論であって，総論ではない。

●●●練習問題1●●●

次の英文を読んで目的が把握できない理由を述べなさい。

English grammar is more systematic than Japanese grammar. For example, English sentences virtually always have a grammatical subject and predicate, but the Japanese sentences often do not have a grammatical subject.

（英語の文法は日本語の文法よりも体系的である。たとえば，英語の文には殆どいつも主語と述語があるが，日本語の文には主語がないことが多い。）

解説

この英文は文法も構文も誤りはない。しかし何が言いたいのだろうか。日本語でも，「日本語の文法より英文法の方が体系が整っています」と突然言われたら，言われた方は，関心があれば

 "What are you trying to say?"（あなたは何が仰りたいのですか）とか
 "And what is your point?"（要点は何ですか）

と聞いてくるに違いない。

このパラグラフの英文は事実（データ）から始まり，事実で終わっているので何を言いたいのかが，読み手には理解できないのである。実用文や論文は読み手に読んで理解して貰おうと思って書かなければならない。また，実用文や論文は最後まで読んで貰えるとは限らないので初めに要点を書くことだ。

このパラグラフの場合は，

 Let me explain my favorite subject. My favorite subject is English, especially grammar.
 （私の好きな科目を説明します。私の好きな科目は英語です。特に文法が好きです。）

で始めると，要点が分かったので読み手も聞き手も、何が言いたいのかが理解できる。この英文に

 I like English grammar because it is more systematic than Japanese grammar.

のように続ければよい。

2. 必須の論理構成

このような視点から次文を読んでみよう。

> Yoshio is a student at Waseda University. Yoshio and I are taking two courses together this year — Business English and English Technical Communication. If I happen to be absent from a class, he always lends me the notes he took.
> （吉雄と私は早稲田大学の学生です。今年は 2 つの科目を一緒に取っています。ビジネス英語とイングリシュ・テクニカル・コミュニケーションです。）

このパラグラフの英文も極めて平易だが，ここまで読んで，何が言いたいかが分からないことに気付くだろう。文頭に，

> Let me introduce my good university friend, Yoshio Kato.
> （大学での親友を紹介させていただきます。それは加藤吉雄です。）

と要点を置くと、何が言いたいかが理解できよう。

●●●練習問題2●●●

次の文を読んで印象を述べなさい。

> When workers are not well, they tend to miss many days of work every year. The organizations they work for are, in turn not as productive as they should be. However, levels of stress in different occupations, and the ways that workers relieve such stress, have not been studied in depth. The Occupational Psychology Association (OPA), therefore, conducted a survey on the effects of stress on workers in four different occupations and on the methods they use to relieve workplace stress.

解説

これは 2003 年度入試センター試験問題の第 4 問の一部だが，この英文を読んで「わかった。なるほどそうだったのか」"I see. I understand. I completely understand this content." などと言う人は英語の実力のない人である。この英文は文法も構文もミスがないが，何万回読んでも理解できないのである。日本語にするから考えてみよう。

第一文は「労働者が健康にすぐれないと，何日もの働く日を毎年逃すことになる。」で始まっている。これだけ読むと，これを書いた人はいったい何が言いたいだろうと，読み手は訝しくなり，ここで読むことを中止し，次を読まないだろう。

実は，この文も初めに，

It is well known that stress affects workers' health.
（ストレスは労働者の健康に影響を与えることは良く知られていることである）

があったのである。私が意地悪にもこの文を省略して書き出したのである。読み手は，この文を読むだけで，この英文全体は何が言いたいかが把握できるので，忙しい人や内容に関心のない人は次を読まないのである。これが総論の役目である。

●●●練習問題３●●●

次の英文は総論（要約文）です。総論の次に本文が続きますが，本文で説明するときに主語となる語は何ですか。

There are five different types of inputs that may be used with the digital computer: keyboard, electric typewriter, Hollerith card, perforated tape, and magnetic tape.

解答

この英文は「デジタルコンピューターで使うことができる入力装置は 5 つのタイプがある」で始まり，keyboard, electric typewriter, Hollerith card, perforated tape, magnetic tape とタイプを時系列で述べている。

総論に続く本文で，主語となる語は，それぞれ The keyboard …, The electric typewriter …, The Hollerith card …, The perforated tape …, The magnetic tape … の順になり，構文も内容も並列法で述べるのが効果的な展開法である。

2.8 段落の構成法

「私は生まれつき文が思うように書けないのです」という人がいる。そのような人は書けないのではなく，書くことを始めから諦めているのである。コンピューターだってデータを入れなければ何も出ないし，印刷機だって印刷する資料を入れなければ印刷できないのである。つまり，データが無いから書けないのである。従ってデータは常にノートに書いて置くことを勧めたい。データがあれば段落は構築できるのである。では段落内でデータはどのように配列されているだろうか。状況にもよるが，先ず，並列法（Parallel pattern）があり，次の構築法を取る。

a) Parallel pattern（並列のパターン）

「並列のパターン」は実用文では General（総論）から Details（各論）へと展開するが，各論の主語がそれぞれ前文の主語と同一か同義語から構成されている。

General （総論）1.　→ 主語 ＋ 述部
detail　 （各論）2.　→ 前文の keyword が主語
detail　 （各論）3.　→ 前文の主語
detail　 （各論）4.　→ 前文の主語
detail　 （各論）5.　→ 前文の主語

例　総論　<u>The blue car</u> parked by the fire hydrant is abandoned.
　　　　　↓
　各論 1.　<u>It</u> has been parked for a week.
　　　　　↓
　各論 2.　<u>It</u> has several parking tickets between the windshield and the wiper.
　　　　　↓
　各論 3.　<u>It</u> is covered with a thick layer of dust.
　　　　　↓
　各論 4.　<u>It</u> has a flat tire.
　　　　　↓
　各論 5.　<u>It</u> has no steering wheel.

訳

「消火栓の側に止めてあるブルーの車は
乗り捨てられたものである」 ……………………総 論

「その車は一週間ほど止めている」 ……………………各論 1

「フロントガラスとワイパーの間に
駐車違反の切符が挟まれている」 ……………………各論 2

「埃だらけである」 ……………………各論 3

「パンクしている」 ……………………各論 4

「ハンドルが無い」 ……………………各論 5

この英文を paragraph に纏めると次のようになる。

The blue car parked by the fire hydrant is abandoned. It has been parked for a week. It has several parking tickets between the windshield and the wiper. What's more, it is covered with a thick layer of dust. The car has a flat fire, and the vehicle has no steering wheel.

のようになる。それぞれの各論の主語が同じか，同義語であることに注意して欲しい。

b) Series pattern（直列のパターン）

「直列のパターン」は各論の主語が，前文の述部の keyword を採っている。

General （総論）1.　→　主　語　＋　述　部
detail　 （各論）2.　→　前文の keyword
detail　 （各論）3.　→　前文の keyword
detail　 （各論）4.　→　前文の keyword
detail　 （各論）5.　→　前文の keyword

例　総論　Power is produced by the reciprocating movement of the piston in the cylinder.
（動力はピストンの往復運動で生み出される）
各論 1.　The piston moves up.（ピストンが上昇する）
各論 2.　The mixture of air and gasoline vapor is compressed.
（空気とガソリンの混合気が圧縮される）
各論 3.　The temperature rises.（温度が上がる）
各論 4.　An explosion occurs.（爆発が起こる）
各論 5.　The piston is pressed down.（ピストンが押し下げられる）

これを 1 つのパラグラフに纏めると，次のようになる。

Power is produced by the reciprocating movement of the piston in the cylinder. When the piston moves up, the mixture of air and gasoline vapor is comressed. When the mixture is compressed, the temperature rises. When the temperature rises, an explosion occurs. When the explosion occurs, the piston is pressed down.

それぞれの各文は When で始まり，その主語は前文の keyword である。総論を 1. とすると 2→3→4→5→6 と各論が展開している。工程（process）を説明する場合にこの展開法を採る。プレゼンテーションのような場合は，すべての各論が When で始まってもよいが，文章にする時は When の文と，その主文を結合しなければならない。次が書く英語の段落である。

Power is produced by the reciprocating movement of the piston in the cylinder. The upward movement of the piston compresses the mixture of air and gasoline vapor. The compressed mixture raises the temperature. The rise in the temperature causes an explosion to occur. The explosion presses the piston down.

2.8 段落の構成法

c) Mixed pattern （混合のパターン）

「混合のパターン」は「並列のパターン」と「直列のパターン」を採り入れたパラグラフで，各文の流れは複雑だが展開法は簡単である。

実際の段落を検討してみよう。

 A computer can perform calculations as well as write letters, draw pictures, play games, and carry out many other tasks in a matter of seconds. The computer is a revolutionary development in the history of technology. It is basically different from any other machines because it has a memory. Every computer, large or small, consists of four basic units: an input unit, a memory unit, a processing unit, and an output unit. The input unit is often a keyboard. The keyboard is used for feeding information and instructions into other computer. Both the information and instructions are held in the memory unit. The memory unit also holds instructions that operate the processing unit. This unit then executes the program and works out the response from the information. Finally, the processing unit sends the response to the output unit. This unit may be a screen or printer.

  —Y. Shinoda: *Preparatory Technical English* （南雲堂），p. 74.

 （コンピューターは文字を書き，絵を描き，ゲームをし，このほか多くの仕事をおよそ数秒で実行すると同様に，計算も遂行できる。コンピューターは技術の歴史において革命的な開発物である。コンピューターが他の機械とは根本的に異なるのは，記憶装置が付いていることである。コンピューターは，大小を問わず，入力装置，記憶装置，処理装置，出力装置の４つの基本装置で構成されている。入力装置は，多くの場合，キイボードである。キイボードはデータやインストラクションを他のコンピューターへと送るのに使われている。データとインストラクションは記憶装置に保持される。記憶装置は，同様に，インストラクションを保持し，処理装置を操作する。そこで処理装置はプログラムを行使し，デー

タからくる反応を解く。最後に，処理装置が出力装置へその反応を送る。出力装置はスクリーンか印刷機であるだろう。）

　この段落で各論の展開法を調べると次のような構成を採っている。

A <u>computer</u> can perform calculations ...

The <u>computer</u> is a revolutionary development in ⋯

<u>It</u> is basically different from any other machines

Every <u>computer</u>, large or small, consists of four basic units: an <u>input unit</u>, a memory unit, a processing unit, and an output unit.

The <u>input unit</u> is often a <u>keyboard</u>.

The <u>keyboard</u> is used for feeding <u>information and instructions</u> into other computer.

Both the <u>information and instructions</u> are held in the <u>memory unit</u>.

The <u>memory unit</u> also holds instructions that operate the <u>processing unit</u>.

<u>This unit</u> then executes the program and works out the response ...

Finally, the <u>processing unit</u> sends the response to the <u>output unit</u>.

<u>This unit</u> may be a screen or printer.

2.8 段落の構成法　　77

●●●練習問題1 ●●●

次のパラグラフの展開法を検討してみょう。

　Throughout the East distinctive landscapes and natural sites attract tourists from other parts of the United States. Some of these are regional, such as the Great Lakes or Appalachia. Others are identified with a state, such as the Everglades in Florida, Machiinac Island in Michigan, and Cape Cod in Massachusetts. Still others are quite local, such as the Sleeping Bear Dunes in Michigan and Mammoth Cave in Kentucky. No matter where you travel, the countryside can be unusual and interesting.

　　　　—Y. Shinoda: *One America, Many Americas*（南雲堂）, pp. 39-40.

解答と解説

General:
　Throughout the East distinctive landscapes and natural sites attract tourists from other parts of the United States.

Details:
　1. Some of these are regional, such as the Great Lakes or Appalachia.
　2. Others are identified with a state, such as the Everglades in Florida, Machiinac Island in Michigan, and Cape Cod in Massachusetts.
　3. Still others are quite local, such as the Sleeping Bear Dunes in Michigan and Mammoth Cave in Kentucky.

General:
　No matter where you travel, the countryside can be unusual and interesting.

この段落は総論が最後にも書かれている。内容を強調したいときは，通常，総論を最後にもう一度書くことが多い。
この段落の details（データ）から段落へと展開する前は，次のように考えられる。

Detail 1.	regional: Great Lakes or Appalachia
Detail 2.	identified with a state: Everglades（Florida）, Machiinac Island（Michigan）, Cape Cod（Massachusetts）
Detail 3.	quite local: Sleeping Bear Dunes（Michigan, Mammoth Cave（Kentucky）
General 1.	Throughout the East distinctive landscapes and natural sites attract tourists from other parts of the United States.
General 2.	No matter where you travel, the countryside can be unusual and interesting.

2. 必須の論理構成

●●●練習問題 2 ●●●

次のパラグラフの展開法を検討してみよう。

What Is Technology?

Technology is the application of scientific method and knowledge to industry to satisfy our material needs and wants. This results in new processes and in new products, such as processed food, supermarkets, antibiotics, washing machine, automobiles, airplanes, air conditioners, computers, spaceship, and nuclear weapons. A technologist has the scientific know-how, or techniques, for making and doing things. The know-how may be original, in that it is devised for a specific purpose, or it may be inherited as the accumulated skill and knowledge of generations of specialists.

It is from this latter tradition that the word technology is derived. It comes from the Greek *techne*, meaning art and skill. In this sense technology has always been with us. It arose thousands of years ago when man first began to master his natural environment by shaping it with flints and with fire.

— Y. Shinoda: *Elementary Technical English*（南雲堂）

解答と解説

先ず，Technology is the application of scientific method and knowledge to industry to satisfy our material needs and wants. と定義法の要約文から始まり，それぞれの文の主語が Technology, This, A technologist, The know-how, it, It, It, technology, It と technology かその関連語で始まっていることに気付く。ここでは，The know-how も technology である。第二文で new processes and new products とあり，such as 以下でそれぞれを製品で説明している。

細かい点では scientific method and knowledge と二つ挙げて，new processes が method であり，new products が knowledge と理解できる。また，to satisfy our material needs and wants が such as 以下の製品ということになる。他にも説明したい論理構成があるがこの辺にしておく。

詳しくは拙著『科学技術英文の論理構成とまとめ方』（南雲堂）を参照。

2.9　起承転結は不向き

　某「英語論文の書き方」の本に，要領よく論文を書き上げるには「起承転結」に従うことを勧める，と書いているが，読み手を考えた，まとめ方だろうか。実用文は，川の水が上流から下流へと流れているように，留まらないで流れているので読み手は自然と内容が把握できるのである。「起承転結」の「転」は，流れる方向を変えてしまい，読み手に戸惑いを与える術であるから，実用文では読む人は当惑するだろう。
　次に代表的な例を引用するから，実用文に適切か不適切かを検討してみよう。

　　大阪 本町 糸屋の娘　　　　　**（起）**
　　姉は十八，妹は二,八　　　　**（承）**
　　諸国大名は弓矢で殺す　　　　**（転）**
　　糸屋の娘は眼で殺す　　　　　**（結）**

英語で表現してみよう。

　　In a thread shop on the main street in Osaka,
　　　live two pretty daughters　　　　　　　　　… **Introduction**
　　The older one is eighteen, and the younger is sixteen.
　　　　　　　　　　　　　　　　　　　　　　　　… **Development**
　　Japanese feudal loads in various regions are killing people
　　　with bows and arrows　　　　　　　　　　… **Turn**
　　Each daughter is killing men with a provocative wink
　　　　　　　　　　　　　　　　　　　　　　　　… **Conclusion**

解説

　最初に two pretty daughters と挙げているので，これに続く次の文で，この説明をしなければ，この説明を期待している読み手を裏切るので論理に反することになる。The older ... and the younger ... と説明しているので前文と繋がりがあって読み手を裏切らない。

　次の文，つまり Japanese feudal ... はどうだろうか。The older ... and the younger の文と全く関係がない Japanese feudal loads ... で始まっているので読み手は戸惑うばかりか，内容も理解できない。つまり「Turn (転)」は読み手の足元を掬い，読み手を混迷させるので実用文の世界では，このような「転」は戴けない。「起承結」は認められることが分かる。そもそも「起承転結」は漢詩の句の展開法・配列法の1つで，「転」で読む人を「煙に巻く」一法だから実用文を読む人は，たまったものではない。最後の文，つまり Each daughter is ... で始まる文が，もっとも重要であることも分かるので，総論から各論へと進む実用文とは全く逆の展開方法といえよう。

　細かいことだが，原文はなぜ「姉は十八，妹は二,八」なのだろうか。翻訳では，このまま訳しても仕方がないので The older one is eighteen, and the younger one is sixteen とした。「八」という数字は「末広がり」（Your future is bright.）といって，扇子の形状などと同じで，日本では縁起の良い数字なのだ。

2.10 効果的なタイトルや件名の書き方

　文書の種類，内容を問わずタイトルは非常に大切な部分である。効果的なタイトルは読み手を引き付けると同時に，書き手の心情が浮き出る。拙いタイトルは本文を読む気を失わせ，読み手を落胆させる。したがって，誰でも効果的にタイトルを書こうと努める。
　ここでは，小説やエッセイ，論文やレポート，手紙や E-mail における効果的なタイトルの書き方を述べる。

2.10.1　小説やエッセイ

　新聞や雑誌の見出しは，読者層に合わせるため一般に単純で一面的だから，小説やエッセイでは受け入れられないことが多い。しかし，実用文では受け入れられない小説やエッセイのタイトルは，読み手を引き付けようとして，「口調のよい音の繰り返し」や「ユーモア」に心掛ける傾向が強い。William Shakespeare の作品から拾ってみよう。

　　Love's Labour's Lost（恋の骨折損）
　　As You Like It（お気に召すまま）
　　Measure for Measure（しっぺ返し）
　　All's Well That Ends Well（終り好ければすべて好し）

川端康成の

　　The Izu Dancer（伊豆の踊子）
　　Snow Country（雪国）

などは，主題を述べるだけで目的を述べる必要もない。つまり，The Izu Dancer の「何について」書いたのですか，The Izu Dancer「だからどうなの」ですか，のような質問をする人はいないだろう。文学書は読み手が読もうと思っているので目的を書かなくてもよい。

2.10.2　論文・レポート

　学術論文やレポートは読んで貰わなければ努力が水泡に帰するので，小説やエッセイのタイトルとは異なり，真剣で，明確で，必要な情報を伝えなければならない。実験や研究の主題を具体的に述べる必要がある。無駄な情報や単語を入れてはならない。研究者は発表した論文のタイトルによって，研究の内容やレベルが判断されることを忘れてはならない。研究者は「研究業績」欄で，これまで発表した論文のタイトルを明記しなければならないので，後悔するようなタイトルは書かないことだ。

基本的なルールとして
　(1) 主題と目的を明示する。
　　　つまり，何について何を研究したかである。読み手にとって明確な主題を選ぶと良い。選んだ主題の何を研究したかが目的である。これを技術上の目的（Technical purpose），あるいは調査（Investigation）といい，「何を研究したか」を書くと効果が出る。
　(2) 略語などは使わない
　　　略語は読み手がその語が何を意味するかが理解できない場合があるだけでなく，読み手に軽軽しい印象を与えることになる。
　(3) 研究の範囲，つまり方法や材料などを明示する。
　(4) 短いほうがよい。

　主題だけで10字になることもあるが，2行に亘るようなタイトルは避けたほうがよい。長くなったときは，コロンをつけて，その後に目的や範囲を書くことを勧める。

　次に，技術上の目的で多用される名詞を挙げる。

Behavior（挙動），Comparison（比較），Deformation（変形），Development（展開；開発），Effect（効果），Evaluation（評価），Examination（試験），Influence（影響），Measurement（測定），Production（製造），Solution（解明），Treatment（処理）など。

●●●練習問題●●●

某研究誌のタイトルの実例である。是非を検討してみよう。

1) Turbulence Measurements at the Sea Coast during High Wind
2) A Study on Work Burden of Shift Workers Engaged in Public Service from the Ergonomic Point of View
3) A Study of *East of Eden* by John Steinbeck
4) Three-dimensional Photoelasticity of Rotating Body
5) The Bucking Behavior of Uniformly Heated Thin Circular Cylindrical Shells
6) The Implementation of IDA: An Intrusion Detection Agent System

解説・解答

1) 主題は Turbulence，目的は Measurements，範囲は at the Sea Coast during High Wind で明確である。当然のことだから Sea- and/or Wind-Turbulence Measurements としなくてもよいだろう。

2) 長過ぎる。A Study on は決ったことなので削除。Engaged in とか from Point of View も不要。Work Burden は Loaded Work だろう。主題は Public Service Workers で，目的が Ergonomic (Study) で，範囲が Loaded Work である。そこで Work Loaded Public Service Workers: An Ergonomic Study と直すと 8 語になり，明確になる。コロンの後に目的や範囲を書くと効果がでる。Public Service Workers が曖昧。Railroad Workers（鉄道員）も Post-Office Clerks（郵便局員）も Government Official Workers（公務員）なども含んでしまう。

3) 目的が書いてないため欠陥タイトル。研究に決まっているので A Study of を削除。by John Steinbeck も *East of Eden* は Steinbeck の作品だと知っている人が読むからだ。しかし *East of Eden* の何を研究して，何を述べたのかを書いていない。つまり，主題しか書いてないので失格。研究の目的が書いてなければ直せないのである。読者も何に付いて書いたのかが分からない。

4) 先ず，Rotating Body は「回転している死体」を意味することにもなりかねないので修正しなければならない。これは，Rotor か Rotator のはずだ。body には「死体」の意味があるため，論文などの本文も body を避けて text を好む人もいる。Three-dimensional Photoelasticity の何を研究して，述べたいかを言いたくなければ，他はこのままで良い。

5) Circular Cylindrical は類語重複であるから，Circular を削除して，Cylindrical だけが良い。of 以下が主題であり，Behavior が目的であるので，文頭の The は意味がないので削除して，Bucking Behavior of Uniformly Heated Thin Cylindrical Shells で良い。

6) コロンを使った簡潔なタイトルである。しかし，できる限り略語は使わないほうが良い。

2.10.3　ビジネスや E-mail

ビジネスレターや短いレポートや E-mail のタイトルは，読み手が本文を読む前に概要を伝える quick reference の役目を果たさなければならない。

ミシガン大学では，Good Subject Line の書き方として，次の項目を挙げ，指導している。

> It (Good subject line) is specific, making both the topic and purpose [or document type] clear.
>
> - It uses understandable and standard terminology, avoiding abbreviations, acronyms, and jargon.
> - It is short (rule of thumb: ten words or fewer).
> - It puts important nouns in initial positions.
> - It minimizes use of generalized terms such as "study of," "report on," "investigation of."

これは，次のように要約できる。

- **研究の主題を明示する**
  主題は One word・one meaning を守る。文頭の冠詞や前置詞は省略される傾向が強い。

- **研究の目的を明確にする**
  目的には「何をして(what you have done)，何が言いたいか(what you want to ask)」の二つがある。前者を **Technical purpose**(技術上の目的）あるいは **Investigation**(調査)，後者を **Communication purpose**(伝達上の目的)と J.C. Mathes と Dwight W. Stevenson(76)は言っている。

2.10　効果的なタイトルや件名の書き方

- **研究の範囲を示す**
  範囲とは方法や材料などを言い，これらを明記すると効果がある。

ビジネスやEメールでは技術上の目的（83ページ参照）と伝達上の目的の両方を書くと受信者は送信者の意図がすぐ判断できるので助かる。

伝達上の目的に頻出する英語：

Apology（謝罪），**Ask**（ご依頼），**Explanation**（ご説明），**Information**（通知；お知らせ），**Inquiry**（お問合わせ），**Opinion**（見解），**Reply**（ご返事），**Request**（ご要求），**Proposal**（ご提案）

技術上の目的で頻出する英語については83ページ参照。

タイトルが曖昧で，目的のないタイトルは読み手の注意を引かないので失格である。

文頭の冠詞は省略すると決めている研究誌や協会もある。

長さは短ければ短いほどよいが，life scienceのような分野では長いようだ。完全な文の形をしていることもある。

文頭の冠詞や前置詞，つまり機能語（冠詞，前置詞など）は省略することが多い。内容語は大文字で始め，機能語は小文字で始めるのが普通であるが，タイトルの最初の語だけを大文字で始めて，それに続く語は小文字にする研究誌もあるので掲載する研究誌に従うことを勧める。

次のような有り触れた語句で始めると目的が曖昧になるので，使用するのは避けたほうがよいだろう。

　　An Analysis of …
　　Several Approaches to …
　　Various Aspects of …
　　An Experiment of …
　　A History of …
　　An Investigation into …
　　The Performance of …
　　A Report on …

A Study of ...
Various Techniques of ...
The Use of ...

　An Analysis of ...（〜の分析）で始めるのは学生なら許されるが，研究者はもっと明確なタイトルを考えるべきだといわれている。日本の学生の多くが A New Study of が好きだが，研究は新しいに決まっていて，古い研究などする人はいないので嘲笑されるだろう。A History of ... なども，歴史の教科書なら認められるが，実用面では History に決まっているので，明確な主題を選べと，英米で発行される研究誌は忠告しているのである。The Use of ... も曖昧だから別の明確な目的語を選ぶべきである。

●●●練習問題●●●

次のタイトルの是非を検討してみよう。

1) Technical Publications

2) Engine Accessory Mountings

3) Request for Funds to Meet Increased Demand for Department of Mental Health Services

4) Reactor 526 Baseplate Failure—Recommendation for Corrective Actions

5) Test of New 1500 lb. General Equipment Screw Jack for Use with SB6-LB6 Line

6) Possible Delay in Pilot Plant Scale Up

7) Increased Demand for Department of Mental Health Services—Request for Funds

解答と解説

1) 主題だけでは曖昧である。Technical Publicationsの何を述べたかが読み手に理解できないからである。つまり目的が書かれていない。A Survey of Technical Publicationsとすると範囲は示されたが，A Surveyではあまりにも曖昧なタイトルだから好ましくない。The Improvement of Technical Publications at the ABC Corporationとすると明確になる。

   Topic: Technical Publications at the ABC Corporation
   Purpose: Improvement

2) このタイトルはTopicだけである。PurposeがないのでEngine Accessory Mountingsの何を述べたのかが分からない。PurposeはRequest for a Testとか，Requisition of Test Specimensとか，Identification of a Design Problemとか，Recommended Design Changeとかのように，いろいろ考えられる。

   Topic: Engine Accessory Mountings
   Purpose: Request for a Testまたは Requisition of Test Specimensまたは Identification of a Design Problemまたは Recommended Design Change

   形としては，Engine Accessory Mountings: Request for a Test

3) **Topic:** Increased Demand for Department of Mental Health Services
   Purpose: Request for Funds
   で分かりよい。

4) **Topic:** Reactor 526 Baseplate Failure
   Purpose: Recommendation for Corrective Actions
   で分かり易い。

   長音符号［—］はM dashといい，タイトルでは使わない。代わりにタイトルではColon［：］を使う。ColonはTopicとPurposeを分離する素晴らしい手段である。通常はコロンの前にTopicが書かれる。この例は［—］をコロンに変えればよい。

5) **Topic:** New 1500 lb. General Equipment Screw Jack for Use with SB6-LB6 Line
   Purpose: Test

   しかし，Testしてどうするかが不明確。文尾にコロンを付け，その後にRecommendationを加えれば効果があがる。

88　2. 必須の論理構成

6) **Topic:** Pilot Plant Scale Up
   Purpose: Possible Delay

   これでも理解を妨げないが，Purpose に Initiate Action to Avoid を加えて，Initiate Action to Avoid Possible Delay in Pilot Plant Scale Up: Possible Delay で，明確になる。

7) **Topic:** Increased Demand for Department of Mental Health Services
   Purpose: Request for Funds

   で理解できるが，［—］を［：］に代えるか，Request for Funds to Meet Increased Demand for Department of Mental Health Services と結合して明確になる。

2.11　原因・結果のルール

　相手から突然，"I feel tired."（疲れたようです）と言われたら，どのように応答したらよいか戸惑うだろう。これを無視するか，あるいは，"What are you trying to say?"（何が仰りたいのですか）と聞きたくなろう。すると，相手は，"So, I will take a rest for a while."（ですから，少し休みます）と言うかもしれないし，"So, I will have to turn down their invitation."（ですから，あのご招待をお断りしなければならないでしょう）と言うかもしれない。あるいは，また，"because I worked hard."（一生懸命仕事をしましたので）のように理由を言うかもしれない。

　企業研修で社員に出した宿題を添削していて気付くことは，殆どが結果しか書いていないので，Why? とか And so what?（だから何ですか）と聞き返すことが多い。

　例えば，「次の英文が受信者に与える影響を書きなさい。」で

Kindly send us our Order No. 100 before July 1.

のような課題を与えると，解答のほとんどが「Kindly は商業文では使わない」としか書いていないのである。親切に指導してやりたいので，Why?，And so what? などで問いただすことにしているが，その意図が理解できない人がいるのだ。

　「Genius 英和辞典によると，「丁寧な依頼に用いるが，しばしばおどけたり皮肉な含みをもち，時には押しつけがましく響いたりするので，商用文や目上の人に対しては避けられる」と説明しているので，商用文では注意して用いるべきである。

　このように読み手が即座に理解できるような解答法を知らない人が多い。単語の適切な使用法を知るためには英英辞典でも調べることを勧める。

事件・現象などが起こることには，その原因なり結果なりがなければならない。つまり，突然 The waterwheel turns.（水車が回る）と言われると，「なぜですか」とか「だからどうなんですか」と尋ねたくなる。そして，この理由（cause）とは Water tumbles over the waterfall.（水が滝を流れ落ちる）が成立するのである。つまり，ここには，

> Cause:　Water tumbles over the waterfall.
> 　　　　（水が滝を流れ落ちる）
> Effect:　The waterwheel turns.
> 　　　　（水車が回る）

のような関係が成立する。つまり，

> Water tumbles over the waterfall. → The waterwheel turns.

の関係になる。
　この二文を and; therefore; as a result; accordingly などで結ぶと重要性が同じになる。

> ⬚ Water tumbles over the waterfall. ⬚　　（主文）
> 　　　　　and
> ⬚ The waterwheel turns. ⬚　　　　　　　　（主文）

事実を一つずつ列挙する場合はこの考え方でよいが，結果（effect）を中心としたいならば，

> *Because* water tumbles over the waterfall, the waterwheel turns.

の文になる。

2.11　原因・結果のルール

> **The waterwheel turns.** （主文）
> <u>because</u> water tumbles over the waterfall. （従属文）

　しかし，このような考え方をすると，ほとんどの文が because; as; if; since; when などで始まってしまうことになる。そこで文章体で表現にすると，

> The water tumbling over the waterfall causes the waterwheel to turn.

のような原因・結果の関係が一文で表現できることになる。この causes は results in (turning); leads to (turn); yields などに置き換えられるが，ここでは turns the waterwheel. とすると字数が節約できる。
　逆の場合も存在する。つまり，

> The waterwheel turns.　　　　　は
> The water tumbles over the waterfall.　の結果からである。

この文を結合すると

> The turning of the water wheel results from tumbling the water over the waterfall.

のように結果・原因の関係になる。

....

　このように，その原因なり結果というのは，それがなければ起こり得ない必定のことである。そして，「原因」か「結果」が生じたとき，その原因なり結果なりを，はっきりさせなければならない場合が起こる。
　たとえば，食中毒が起こったら，その原因をはっきりさせなければならない。また，食中毒の結果どのような現象が起こるかを予測しなけれ

ばならない。このように原因・結果を立証したいときに使うのが「原因・結果」あるいは「結果・原因」のパターンである。つまり，

Why did it happen?　　（なぜ起こったのか）
What caused it?　　　（何が原因だったのか）
What does it cause?　　（それは何が原因で起こったのか）
What are its effects?　（その結果は何か）

に答えるのに，このパターンを使う。

　いかに達意の文の書ける人でも，データがなければ書けないのは，コンピューターにデータを入れなければ結果が何も出ないのと同じことであることは前述した。そこで次のようなデータがあると想定しよう。

- I forgot to pay the electric bill.　　　　　　　　　　結果1
  （私は電気代を払うのを忘れた）

- The electric power was shut off.　　（effect 1）　結果2
  （電気が止められた）

- The lights in my house were out.　　（effect 2）　結果3
  （私の家の電気が点かなかった）

- The steps in my house were dark.　　（effect 3）　結果4
  （私の家の階段が暗かった）

- I tripped on one of the steps.　　　（effect 4）　結果5
  （階段の一つを踏み外した）

- I broke the little toe on my right foot.　（effect 5）　結果6
  （右足の小指を折った）

　上のデータを時間順に整理すると，次のようになる。

> I forgot to pay the electric bill. *Because* I forgot to pay, the power was shut off. *Because* the power was shut off, the lights in my house were out. *Because* the lights were out, the steps of my house were dark. *Because* the steps were dark, I tripped on one of the steps. *Because* I tripped, I broke the little toe on my right foot.

　これまで述べた英文はデータから先に述べているので最後まで読まないと理解できない。そこで，総論として仮に，

> I am having a run of bad luck these days.
> （私は近頃不運続きなのです）

のような文を最初に置くことによって何が言いたいのかの実情が理解できる。不運続きを説明したいのである。
　しかし，すべての文が Because で始まっているので，Because を削除して，堅苦しい文章体にすると以下のようになる。総論を前置するので，その効果を認識して欲しい。

> I am having a run of bad luck these days.
> I broke the little toe on my right foot due to not having paid my electric bill. The unpaid electric bill caused the power to be cut off. The shutting-off of the power resulted in the lights in my house not to work. This made the steps in my house dark. The darkness caused me to trip on one of the steps. The trip resulted in the little toe on my right foot being broken.

これは原因・結果の例だが，この順序を逆にすれば結果・原因の関係になる。

2.12　説得法の基本構成

　私たちは日常生活でも仕事先でも説得に取り囲まれている。新聞を開いても，テレビのスイッチをひねっても説得だらけある。入社試験で巧く面接官を説得して入社が許され，有頂天になって出社すると，今度は会議の連続で，ここでも説得の繰り返しである。
　説得は，自分の考えを相手に納得させて、自分の考えていることを行動に移してもらったり，好意を抱かせたり，自分の考えに賛成させたりすることを目的としている。これには，相手の心を動かすのに充分なデータと根拠がなければならない。このデータや根拠が相手の心を動かす強力な要素となるからである。

　　"Abe University can beat Noda University."
　　　　　（阿部大学は野田大学を負かせる）

　　"No, Abe can't. Noda can beat Abe."
　　　　　（いや，阿部は野田を負かせない。野田は阿部を負かせる）

　　"No, Noda can't."　（いや，野田は阿部を負かせない）

　　"Yes, Noda can."　（いや，野田は阿部を負かせる）

　このような論争は，データを言わないために生じたもので，水掛け論に終わってしまう。つまりお互いに相手を説得できない。
　説得の方法として次の4つが考えられる。

　　(1) 一つひとつの実例から演繹する方法
　　(2) 問題点と解決法を述べて提案する方法
　　(3) 原因か結果を例証して認めさせる方法（原因・結果の項参照）
　　(4) 比較をするか対照させて，どちらがよいか，どう違うのかを説明する方法

　ここでは，(1)のケースを取り上げる。この方法は，通常，次のような構成となる。

①結論を述べる。
②結論をデータで支持する。
③必要があれば，予期する反論に前以て反論する。
④結論を繰り返す。

　ここでの結論は，すでに説明した総論にあたる（p.66~ 参照）。データは重要なものから順に述べるのが普通である（p.62~ 参照）。③は必要でなければ無視する。なお、③がなければ、④は不要である。
　死刑の判決を下すような状況の文章や，結論から書くと相手が読んでくれない懸念があるような文章は②，③，①の順をとることもある。

・・・・・・・・・・・・・・・・・・・・・・・・・・・・・・・

　次に J.C. Mathes, Dwight W. Stevenson: *Designing Technical Report*（214, 215）の例文の一部を示す。この例文には①から④までが述べられているから探し出してみよう。
　状況は，「これから原子力研究所を造るのだが，岩層が塩分を含んでいると，いろいろな支障をきたす恐れがあるので，岩層に塩分があるか否かの調査を依頼された件についての回答である。

> 　Our study indicates that there is no salt present in the Silurian Salina Formation which underlies the Enrico Fermi site. This conclusion is supported by visual inspection of cores taken from the upper part of the Salina Formation at the site, by published literature on the Salina in Michigan and Ontario, and by well-logs and drillers' reports from the area.
>
> 1.1　First, on the basis of visual inspections of cores from several deep borings made for Detroit Edison both at the Fermi site and the Monroe site, I can report that no salt was encountered in that portion of the Salina penetrated. I can therefore say that the upper 30 to 40 percent of the Salina is free of salt.
>
> 1.2　Second, the published literature on the Salina in

Michigan and Ontario indicates that no salt is present at the Fermi site. Statements from four of the most recent such reports verify this finding.

1.3 Third, well-logs and drillers' reports do not indicate that salt may be present at the Fermi site. A careful reading of over 100 well-logs for the Monroe County area turned up only two in which salt was even mentioned, and in neither case is the evidence persuasive that salt might be present at the Fermi site.

In sum, the evidence indicates no salt underlies the Fermi site. The evidence consists of close visual inspection of the cores taken from the upper part of the Salina for Detroit Edison, four recent reports based on a detailed study of carefully selected well-logs and cuttings, and all the older published reports, each based on only a few rough drillers' logs.

....

この例文の Our study から the Enrico Fermi site.（われわれの研究によって，〜の岩層に塩がないことが分かった）で結論を述べている。ここだけを読んで内容が理解できるので，もしこの書類を読む人が忙しければ，次に続く英文を読まなくてよい。これが実用文の本質である。

This conclusion から from the area. までは，「この結論は，視覚調査と出版された報告書と井戸を掘った人たちの報告書で支持されている」のことで，三つのデータ，つまり visual inspection と published reports と well-logs and drillers' reports で結論を支持している。この順序は自信の持てるものから持てない順（descending order of importance）であることに気付かなければならない。この段落は非常に分かりやすく構成され，要旨の働きをしている。

この後に，これらを説明するデータが続くことになる。したがって，それが分からなければ，正しく読むことも，書くことも，プレゼンテーションすることもできないことになる。

実用文では，次に続く内容やデータが予測できなければならない。ここで

2.12 説得法の基本構成   97

は期待通り visual inspection について説明している。また，実用文では，consistency of the words（単語の一貫性）といって，一度決めた単語は変えないで，その書類の中では，最後まで同じ単語を繰り返して使った方がよい。変えると内容が変わったと読み手は訝しがるからである。

　1.2 も期待通り published literature の説明である。ここで four recent reports と書いているので，ここで最近発行された 4 本の文献を挙げて，この証明をしなければならない。原文では 4 本を重要な順に挙げて実証しているが，ここでは字数制限のため割愛した。

　1.3 も期待通り well-logs and drillers' reports の説明をしているが，ここで予期する反論に反論していることに気付く。つまり，「100 本以上の報告書を綿密に読んだところ，2 本には塩が存在していたかも知れないという報告書があった」と書いている。原文では次にこの 2 本の報告書が提示されているが，ここでは割愛した。

　最後の In sum（結論として）で頭書の結論と同じ内容のことを繰り返している。

....

　実用文は，このように理路整然と論理的に組み立てられているから，このような論理構成を身に付けると，効果的な英語が正確に，速くマスターできるといえる。

　形式（format）も左端の書出しを適切に引っ込める (indent) ことにより，読み手に印象をよくしようと気を配っている点にも注意しよう。

2.13 提案法の文章構成

　不満や要望があるときとか，何か提案したいことがあるときに，それを相手に知らせるために書く文章には，論理構成、つまり，考えの筋道がはっきりする必要がある。筋道が明確でないと，せっかく苦労して書いた文章でも相手には理解できないため，無視され，徒労に終わりかねない。

　一年間にいちばん多く提案書を提出した社員を，社長表彰する企業もあるほどだ。また，提案書が出ない企業は倒産するとさえ言われているほど，提案書は企業やいろいろな機関では大切な役目を果たしている。ここでは提案文の論理構成を述べる。

　提案文の基本的な論理構成は次の通りである。

1) 目的を明示する。
2) 問題点を重要なものから順に明確に示す。
3) それぞれの解決法を述べる。

　いきなり目的を述べて，読み手から，「どうして？」とか「なぜ？」のような質問が出ると思うような場合は「背景」から書き始めるとよい。

例文を検討してみよう。

> Dear Mr. Smith:
>
> <u>Heat Pump: Two-way Refrigerant Filter (Proposal)</u>
>
> Refrigerant flowing through the lines of a heat pump requires filtering to remove dirt and/or moisture. Due to the nature of heat pumps, the refrigerant may flow in either direction through the lines. However, most filters currently on the market allow flow in only one direction. The design and introduction to the market of a two-way filter has become necessary. This report proposes a certain design of two-way filter.
>
> The proposed filter, shown in the attached drawing, is probably the simplest and least expensive design possible. Standard filters and desiccants are used in the two separated valves. The two internal valves will automatically channel the flow of refrigerant through the proper filter. Because of the simplicity of the design, all parts can be cheaply produced or purchased. This will make the filter extremely cost effective against one-way filters.
>
> Sincerely,
>
> Attachment: Specification drawing of proposed filter

　日付，発信人，サインは省略した。Subjectは「主題と目的」が書いてあるので，これでよい（pp.85-86）。

　Refrigerant flowing through the pipes … in either direction through the line. までは，「熱ポンプのパイプを流れる冷媒はろ過してごみか湿気かその両方を除去しなければならず，冷媒はどちらかの方向に流れます」と背景から書き始めている。

2. 必須の論理構成

次に，However, most filters ... in only one directions. の文で，この種の文の書き方を身に付けている人は，However に注意をし，However で始まる文を真剣に読むだろう。「しかしながら，市場に現在出ているフィルターの大抵は一方向にしか流れません」と問題点を述べている。However で始めると，この文は問題点を自然と述べることになる。大切な文と文を結ぶ語で，電車の連結機の役目をしている。これがないと次の文が前の文に続かないのである。

This report proposes ... a certain design of two-way filter. までが，「本レポートの目的は，二方向に流れるフィルターの設計を提案したものです」と目的を明確に述べている。目的を問題点の後に書いたのは，目的から始めると Subject と同じになるから機転をきかせたのだろう。

ここまでで「背景，問題点，目的」と述べているが，解決法を書かないで，ここで「以上，よろしくご検討ください」のような内容で終わると苦情書（complaint letter）になってしまう。

次が解決法である。The proposed filter, shown in the attached drawing, is probably the simplest and least expensive design possible. 「提案したフィルターはとても簡単で費用もかかりません」と述べている。次に，いかに simplest で least expensive かを説明しなければ論理的とは言えない。Standard filters and desiccants are used ... through the proper filter. までが「標準のフィルターと乾燥剤を使って，二つの内部バルブが流れを自動的に変える」までが simplest の説明である。最後の Because of the simplicity ... produced or purchased. までが least expensive の説明である。

この例は，無駄がなく，極めて簡潔で論理的に整理された提案書の例といえる。

詳しくは拙著『科学技術英文の論理構成とまとめ方』（南雲堂）を参照。

2.13 提案法の文章構成

3. 必須英文法編

3.1　誤解を招く時制

　英語には，語形変化で表す現在形や過去形が，表現方法からみた現在（過去，未来）進行形，現在（過去，未来）完了形などがあるが，日本語にはこれらすべてに対応する表現がない．具体的には，has driven と drove は共に「運転した」となり, is staying と stay を共に「留まっている」となり，will arrive と will be arriving を共に「着くだろう」となるため，日本語の動詞を英語で表現する場合に，その選択に戸惑うことが多い．英語では，ある動作，状態が時間的に異なると見て表現するが，日本語では区別して表現しないために混乱している．

　日本語では現在形と過去形に大別される．しかし，英語では，未来（進行，完了，完了進行），現在（進行，完了，完了進行），過去（進行，完了，完了進行）形と 12 の形態があるので，その使用を戸惑う．

　ここでは，日本人が間違えやすい時制を紹介する．頻出する形の次の 7 例を考えて見よう．

　　(1) I *repair* a car.

　　(2) I *am repairing* a car.

　　(3) I *have repaired* a car.

　　(4) I *have been repairing* a car.

　　(5) I *repaired* a car.

　　(6) I *will repair* a car.

　　(7) I *will be repairing* a car.

(1) 現在時制だから「私は車の修理をする人です」のことになる。現在形は The sun *rises* in the east.（太陽は東から昇る）や One plus one *is* two.（1＋1＝2）のように普遍の事実を述べる。（助動詞の項参照）

(2) 「私は車を修理しつつある」のことで，何ら問題はない。

(3) 「私は車の修理を終えた」ことで，「したがって，車は使える」とか「修理代が欲しい」とか，何かが相手に言いたい訳だから，もし言っている人のことが理解できなかったら，And so what?（だから何でしょうか）と聞いてやるのが普通である。

(4) 「私は車を修理してきている」ことで，How long?（どのくらい時間ですか）のような質問がでるので，これに当たる over the last three hours のような副詞句を併用するのが普通である。これも，言っている人の内容が理解できない場合は，And so what? と聞いてやるべきである。聞いてやると，「だから食事をする時間がなかったのですよ」とか「だから忙しかったのですよ」などと言うに違いない。ここで大切なことは，「修理はまだ終っていない。これからも続けるような印象を与える」ことであり，修理が終った (3) と，この点が異なる。

(5) 過去だから，このままでは When?（何時ですか）の質問が出るので，this morning とか yesterday のような過去を表す副詞を併用するのが普通である。つまり，過去形は過去を表す副詞を併用しないと内容が理解できない。

(6) 「私は車を修理するでしょう」のことで Why?（何故ですか）の質問がでるので because I am short of money（お金がないので）とか，何か because の文を併用しなければ内容が理解できない。

(7) 「私は修理をしているでしょう」のことで, When you see me tomorrow（あなたが明日私に会いにくるとき）のような副詞を併用するのが普通である。Therefore I will not go out.（したがって，外出しません）のようなことが言いたいのである。未来の予定とか計画を意味する。

これが基本的な考え方である。この説明が理解できれば，次例が容易に理解できよう。

●●●練習問題●●●

次の各文を説明しなさい。

(1) She *suffers* from asthma.

(2) She *is suffering* from asthma.

(3) She *has suffered* from asthma.

(4) She *has been suffering* from asthma.

(5) She *suffered* from asthma.

(6) She *will suffer* from asthma.

(7) She *will be suffering* from asthma.

説明と解答

(1) 「彼女は喘息で苦しむ人である；喘息もちである」のことになる。

(2) 進行形だから「いま喘息で苦しんでいる」のことになる。

(3) 「彼女は喘息で苦しんできた」のことになる。

(4) (3) と同じ日本語になるが，over the last three years（ここ3年の間）のような期間を表す副詞を併用しないと聞き手は理解できない点と，「これからも悩み続ける」，という点が (3) と異なる。

(5) 「彼女は喘息で悩んで死んだ」とか「過去に喘息で悩んで今は直った」のことになる。when の質問が出る。

(6) Why? の質問がでるので，because she does not take this medicine（この薬を飲まないので）のような従属文を併用しないと内容が理解できない。

(7) If your doctor comes to see you tomorrow morning（かかりつけのお医者が，明日の朝，お出でにならなければ）のような副詞節を併用しなければ，相手は理解できない。予定を意味する。

現在形で未来を表す

現在時制は，未来の出来事が絶対に確実と思われる場合にも用いられる。往来・発着・開始などを示す動詞によく見られる。

He *comes* back next month.
（彼は来月帰ってきます）

The train *arrives* at noon tomorrow.
（列車は明日正午に着きます）

The meeting *begins* at nine tomorrow morning.
（会は明日午前9時に開始されます）

He *retires* at the end of this month.
（彼は今月末で退職する）

日本語では同じなのに，英語では現在時制と未来時制を使うときがある。

(1) When do we arrive at the station?
(2) When will we arrive at the city?

両者の違いは殆んどないが，(1)の方が確実性を意味し，
(1)は according to the time table（時刻表によれば）のような副詞節が，
(2)は if we go to the city by car（その町へ車で行けば）のような副詞節が
必要になる。

過去完了と未来完了

過去完了とはもう一つの過去より時間が前だったことを意味するときに使う。

He *had been* ill for a week when he *took* the medicine.
（病気になって一週間たってから，彼は薬を飲んだ）

薬を飲む前に，一週間も病気だったので，過去完了にしている。

....

未来完了は未来のある時点までに終えているような場合に使う。

The experiment *will have been* completed by five o'clock.
（実験は5時までには終っているでしょう）
We *will have lived* here full two years by next year.
（来年でまる3年ここに住んだことになります）
は，お馴染みの英語である。

....

過去完了進行形と未来完了進行形

過去完了進行形とは，過去のある時点まで動作が進んでいたことを意味する場合に用いられる。

Such an experiment is what scientists *had been trying* for a long time.
（そのような実験は科学者が長い間試してきたことである）

....

未来完了進行形は，未来のある時点まで動作が継続していることを意味したい場合に使用される。

When he gets his PhD, he *will have been studying* at the University for five years.
（彼が博士号をとるとき，その大学で5年間勉強をしたことになろう）

3.2 助動詞の慎重な選択

「助動詞」は動詞に付いて，様々な程度の確実性，義務，拘束力などの，白黒をはっきりさせないで，ありそうな程度の段階，つまり，動詞の持つ意味に，更にいろいろな心情の程度を加える働きをする。したがって，助動詞は，通常は，実際に存在したり，ある事実が実際に起こったりするときには使わない。ある事柄や事象に自信がないときに使うのが普通である。ある事象を期待したり，可能性がなかったり，必要と思えたり，起こって欲しかったり，確実性がなかったり，ある事象が起こるかもしれないことを表わすときに使う。発信者の心の状態を相手に伝えたいので，選択を間違えると恐ろしい結果が生じることがある。

「第二次大戦でマッカーサー元帥（D. MacArthur）が日本軍に追われてフィリピンを去るときに，I shall return.（私は必ず戻ってきます）といった言葉は有名である。この shall の代わりに，他の助動詞を使ったのでは，敗北を認めることになろう。この例から分かるように，未来の shall と決意の shall を区別する必要性があるため，会話では I shall ....，You shall .... は I'll ....，You'll .... のような短縮形の使用を勧めている参考書が多い。

助動詞の選択は疎かにできない

「使ってみてください。きっと好きになるに違いありません」を，

日本語につられて，

Try it! You must like it! では

「好きにならなければなりません」になるので，

言われた方は

"**Why?**"（なぜ）

と問い返すだろう。

You may (might) like it.

では「好きになるでしょう」で自信喪失を意味する。

You will like it. がよい。

....

このように助動詞一つで局面が変わるので，医学，理工，ビジネスの世界では，使う前置詞に特に注意しなければならない。

——拙著『IT 時代のビジネス英語』(南雲堂) 参照。

法律・規則の shall

You *shall* have a car of your own when you are an adult.
(成人になったら車を買ってあげよう)

の意味が拡張されて，法律や規則を意味するときに **shall** が用いられるようになった。

Payment *shall* be made by check. (小切手で支払うこと)
The terms *shall* be as follows: (条件は次の通り)

のように三人称の主語に多用される。

可能性の「だろう」

確実性は **will, may, could** (**would, might**) の順に内容が弱くなる

このような関係にあるが，最近では，**may** と **might** の強さの差がないようだ。

本動詞を使った

The sun *rises* in the east.
(太陽は東から昇る)

は「不変の事実で，100% 起こる」ことを意味する。

....

will を使った

I *will* attend the meeting tomorrow.
(明日その会合に出席します)

は「99% の確実性」を意味する。

そこで，
「お気付きの点がございましたらご連絡ください」に

Please let me have any suggestions you *will* have. では
言われた方は「99% 気付いている点がある」ことになるので，
will は **may** か **might** にする。

....

may を使った

She *may* be at home now.
(彼女は今，家にいるでしょう)

では「約 49% の確実性」を意味することになる。

....

would を使った

She *would* have arrived by now.
(彼女は今ごろ着いているでしょう)

では「2~3% の確実性」しか意味しないことになる。

....

might を使った

He *might* have been in New York by now.
（彼は今ごろニューヨークに着いているだろう）

では「2~3% の確実性」しか意味しないことになる。

......

日本人が好きな would like to は恐ろしい。

「お送りいただいた品物は返品いたします」に
I *would like to* return the goods you sent me.

では極めて消極的で「返品しないで，受け取ってもよい」印象を与える。本当に返品したければ

I am returning the goods you sent me.

である。

......

「～できる」に機械的に can は不可

日本人は can が好きな国民だと言われている。

......

例えば，
「週末に箱根に行くと，新鮮な空気を楽しむことが出来ます」を

You *can* enjoy fresh air in Hakone if you go there on weekends.

と言う日本人が多い。「できる」という意味の can は能力だから，ここではまずい。「99% 楽しめる」ことを「できる」と日本語で表現しているに過ぎないので，can ではなく will が正しい。

......

「車はガソリンで走ることができる」に

The car *can* run on gasoline.

では，走らない車もあるという意味合いになることがあるので，

can run ではなく，**runs** か **drives** が普通である。
堅苦しい文では **operates** になる。

「義務」も shall, must, had better, ought to, should で程度が異なる

この順に程度が和らぐ。

---

shall は「決意」を表わすので契約書などで多用される。

We *shall* return to this problem tomorrow.
（どんなことがあってもこの問題に明日戻ること）

では「必ず」で「決意」を意味するので「契約書」のような場合に用いられる。**shall** を **will** にすると，ボスからの命令になり，**should** ならチームからの提案になる。

---

must は義務で，

You *must* write to the Bank.
（銀行に手紙を書かなければなりません）

のように言う。

How can I get to Tokyo Station?
（東京駅にはどのように行きますか）

の返事として，

You *had better* take a taxi.
（タクシーがよいでしょう）

とする。相手は "Why?" と聞いてくるだろう。**You had better ....** は，通常，「脅迫」を意味するから，

You *could* take a taxi.

が普通である。**could** の代わりに **can** も多用される。

ought to は

He *ought to* tell her to be more polite.
（彼は彼女にもっと礼儀正しくするように言うべきである）

と用いて must より弱く，should より強い。

should は

You *should* change trains at Tokyo Station if you are going to Narita.
（成田へ行くのでしたら，東京駅で電車に乗り換えるとよいでしょう）

のように義務というより提案に近い。

推量は must, should, may, can の順に弱くなる

must は「必ず～に違いない」を意味するので，

He *must* succeed in passing the entrance exam.
（彼は入学試験に必ず合格するに違いない）

のように用いる。しかし「明日は雨に違いない」に，日本語につられて機械的に，

It *must* rain tomorrow.

とすると

I need rain.
（雨が必要です）

などが言いたいときで，通常は

It will rain tomorrow.

である。

112　3. 必須英文法編

should は「データから判断して〜の筈です」を意味するので，

My laundry *should* be ready tomorrow.
（私の洗濯物は明日仕上がる筈です）

のように使われる。

---

may は「49% ほどの確立で起こる」ので

He *may* see you at the party later.
（彼は後でパーティであなたにお会いするでしょう）

のように確実性に自信が半々位のときに用いる。

推量の **can** は「2~3% の可能性」を表すので，

Smoking *can* cause cancer.
（タバコを吸うとガンの原因なります）

のように用いる。この **can** の代わりに **could** を用いることもある。

習性の **will** の有無

Accidents *will* happen.
（事故は起こるものだ）

のような習性を意味する **will** がある。

「金属は電流を通す」に
Metal *will* pass electric current.

と，**will** を用いると特性を強調することになる。このような **will** は論文などでは不要で，

Metal *passes* electric current.

でよい。

3.2 助動詞の慎重な選択

もう一つ例をあげる。

Oil *will* float on water.
（油は水に浮く［特性がある］）

Oil floats on water. でもよい。
簡潔さを望む論文などでは will のない英文を好む。

「できる」の意味する may

今は「…できる」に can を用いるが，may の本来の意味は「…できる」である。したがって，格式ばった文に can の代わりに may が用いられることが多い。しばしば受動態になる。

There are five different types of inputs that *may* be used with the digital computer.
（デジタルコンピューターに用いることができる入力装置には5つのタイプがある）

This expression is applicable when the elastic strains in an analysis *may* be neglected.
（解析において，弾性ひずみが無視できるときに，この式を用いることができる）

The control program has a variety of optional features that *may* be selected for particular needs.
（制御プログラムは様々な任意選択機能を有しており，それぞれの必要にあったものが選択できる）

この may は can のことで，論文などの形式ばった受動態に多い。

なお，ここで表したパーセントの数字は状況により変動するので，凡その目安と考えていただきたい。

3.3　前置詞の正しい選択法

「桃栗3年, 柿8年, ゆずのオオバカ30年」という俚諺(りげん)がある。これを「前置詞3年, 助動詞8年, 冠詞の習得30年」に当て嵌(は)めることができよう。ここでは, 96もあると言われている前置詞の中から現代英語で使用頻度が高く, 間違えやすいいものを扱う。

日本語の「の」を機械的に of にしない

「私は ABC 大学の学生です。」に,
I am a student *of* ABC University.
とすると,

I study ABC University.
(私は ABC 大学を研究している) と解されても仕方がない。

a student of ... は「〜の研究者」のことになる。of は at に直さなければならない。

「英語のレポート」を
a report *of* English
とすると, of を in に直される。

これは
a report (which is written) *in* English
の括弧内が省略されたものである。

「壁の時計」を
a clock *of* the wall
とすると, of を on に直される。これは a clock (which is installed) *on* the wall の括弧内が省略された形と解するとよい。

wall clock とすると「壁時計」という名称になるので注意。ちょうど「東京新聞」と「東京の新聞」の違いである。
前者は名称であり, 後者は東京にある新聞のように解される。

「物理の実験」を physical experiment では「肉体実験」かも知れない。
an experiment *of* physics とすると，of を in に直される。

これは
an experiment (which is conducted) *in* (the field of) physics
の括弧内が省略された形と解するとよい。

「の」を of にしないケースはすこぶる多い。詳しくは拙著『科学技術英語入門』（南雲堂）を参照。

前置詞の有無による内容の違い

I will call you later.　　は「後で電話します」であり，
I will call *on* you later.　は「後でお伺いします」と

call に on が付くと意味が変わることは学校で習っている。

しかし，

「当社の社長をご存知ですか」を英語で，
"Do you know our president?"

と言う人が多い。これでは「当社の社長に直接会ったことがあって知っているか」と聞いたことになる。

「会ったことがなく，噂できたり，新聞などの写真を見たりして知っているか」と聞くなら
"Do you know *of* our president?"
である。

野茂投手がアメリカで有名になったとき，アメリカ人から "Do you know of Nomo?" とよく聞かれた。同じ考えが

"I'll meet you tomorrow at ten."
"I'll meet *with* you tomorrow at ten."

にも言える。
meet だけでは「（偶然）会う，面会する」などのことになり，meet with は「会って話し合いをする」ことなので，話の話題が分からなければ，話題を相手に聞く必要がある。

He shot the bird.
He shot *at* the bird.

の違いはどうだろう。
前者は，「彼は鳥をしとめた」，
後者は「彼は鳥を目掛けて発砲した」ことで，弾が当たったかどうかは問わない。

He reached the book. は
「彼は手を伸ばして本を取った」ことであり，

He reached *at* the book. は
「手を伸ばして本に手をかけようとした」ことになる。

ご存知の「溺れるものは藁をも掴む」を

A drowning man will clutch a straw.

と書くと「藁を掴んでしまう」ことになり，溺れる者が藁を掴んでも溺れてしまう。そこで，clutch at a straw と at が必要となる。

3.3 前置詞の正しい選択法　　117

前置詞の違いで意味が異なる

She struck *at* my ear.
She struck me *on* my ear.

の違いはどうだろう。
前者は「彼女は私の横面に殴りかかった」ことで，殴ったどうかは分からない。後者は「殴った」ことになる。

I'll go out *of* the room.
I'll go out *at* the door.

の違いはどうだろう。
前者は「私は部屋から出る」であり，後者は「このドアから出る」である。

これを，
I'll go out of the door.
と書くと，「ドアーの中から出る」ことになり，手品になってしまう。

この **at** は
「コンサートは6時から始まる」を
The concert will start at six.
の at と同じである。

前置詞を間違えて大混乱を起こす

某社で1時に面談の約束をしていた外国人が，12時40分に来社した。受付で，

"Please go back, and come back *after* twenty minutes."
（いったんお帰りになって，20分後に来てください）

と言われたので，その外国人はいったん帰って，2時ごろ来た。すると受付が，

"The interview hours are finished for the day."
（今日の面談時間は終わりました）

と返事をしたため，その外国人は怒り心頭に達して，「責任者を出せ」と詰め寄ったそうだ。go back が拙いし，after twenty minutes では「20 分過ぎていれば，何時でもよい」わけだ。始めに

> "Mr. X, our manager will meet with you *in* twenty minutes."

のように言えばよかったのである。in twenty minutes は，ここでは at one o'clock でもよい。

....

ある工場で

> 「ベルトコンベヤーから部品を取ってください」に，通訳が
> "Please take the part *from* the belt conveyor."

と言ったという。外国人は "I'm confused."（私は困惑しています）と言い返したそうだ。「ベルトコンベヤーに部品を on している」のだから on の反対は off である。from を off にする。from だと，部品が流れていることを意味してしまう。なお，「ベルトコンベヤー」は conveyor か conveyor belt である。

....

最後に，

1. He threw a bone *at* the dog.
2. He threw a bone *to* the dog.
3. He threw a bone *toward* the dog.

の違いを考えて見よう。at は「目掛けて投げつける」ことになる。to は「犬の方へと投げる」ことになる。toward では「犬のいる方向へ投げる」ことで，方向だけを示し，到達点ではないので意地悪な印象を与えることになる。

3.3 前置詞の正しい選択法

3.4　仮定法の真意

　Subjunctive Mood には「仮定法・仮想法」という日本語が当てられているが，英語では subjunctive を a verb form, or a set of verb form, used in some languages to express doubt, wishes, situations that do not actually exist, etc. — *Longman Dictionary of Contemporary English*, (New Edition)（言語で使われる動詞の形をいい，実際に存在しない疑い，願望，状況を述べる）と説明している。

　ここで注意しなければならないことは「仮定法とは実際に存在しない状況を述べる」と言っていることである。ここでは，仮定法は実際にどのような状況の場合に使われ，その真意はどこにあるかを説明する。したがって I wish I were a bird.（鳥であったならなあ）のような願望とか May you be happy.（どうぞお幸せに）のような祈願のケースは，ここでは扱わない。

・・・・・・・・・・・・・・・・・・・・・・・・・・・・・・

仮定法過去と仮定法現在の違い

　　「明日雨なら，実験は延期されるだろう」

に英語では，

 (1) If it rains tomorrow, the experiment will be postponed.

 (2) If it rained tomorrow, the experiment would be postponed.

 (3) If it were to rain tomorrow, the experiment would be postponed.

の3文が考えられる。日本語では同じ表現になるが，英語の3文の内容はどう違うだろうか。しいて区別すれば(1)(2)(3)の順に降雨の可能性が少ないことを見ての表現ということになる。そして(2)は(1)より，(3)は(2)より，堅苦しい表現であり，「あり得ないことの仮定」に使われる。

この例を参考にして，次の場合を英語にしてみよう。

「お金があれば，新車を買うのですが」
(1) If I have extra money, I will buy a new car.
(2) If I had extra money, I would buy a new car.

が考えられる。(1)と(2)の違いは，(2)の方が(1)よりも「買う可能性がない」ことになり，また，格式ばった，堅苦しい表現である。

仮想実験を仮定法過去形で表現

仮定法の過去形で，実際には実現しない状況を表すことが多い。

> If every one of the dots in the newspaper picture *were changed* into an electric impulse, the first step in telecasting the picture *would* be made.
> (もし新聞に出ている写真を構成しているドットの一つひとつが電気衝撃波に変えられるとすれば，絵をテレビ放送するときの最初の段階が行われることになろう)

これは，テレビの送信法を新聞の中の写真の斑点に例えて説明した一文である。送信方法を実例で説明しても相手には理解できないと思うとき，実現しないような身近な例で説明するときに，この用法を用いる。
　過去形だが，現在のことを説明している。

主文も従属文も現在形

　理系では，事実を述べることが多いので，主文も従属文も，現在時制を用いて，未来の状況や状態ではなく，現在のことを表現することが多い。

> If the circumference of a circle *is* divided into 360 parts, each part *is* called one degree.

ここでは，主文も従属文も現在時制の is を用いて事実を述べている。

If the light *is* bright, more electrons *are flowing*.
（光が明るいなら，多くの電流が流れている）

このような場合に過去形を用いると，実現の可能性が少なくなるか，ないことを意味する。

should に注意

次の日本文を英文で表現してみよう。

「万一電気が切れるとコイルの磁性が直ぐなくなる」を

If the electricity *should* be off, the coil *will* lose its magnetism at once.

とすると，文法は正しくても
「ありそうもないこと，実現が非常に疑わしい」と思えることを意味してしまう。

そこで，通常起こる状態なので，

If the electricity *is disconnected*, the coil *loses* its magnetism at once.

のように should を用いないで，主文も will を使わないで，本動詞の現在形で表現するのが普通である。日本語に「万一～」とあっても，実現が非常に疑わしくなければ should は使わないほうがよい。

「万一地球上に空気がないなら，どんな動物でも生存しないだろう」
このような場合は，

If there *were* no air on earth, any living things *would* not exist.

のように should be よりも were を用いる方がよい。そのようなことはないと想定するからである。

should と were (to) の仮定の違いは，were (to) のほうが，should よりも「強くあり得ないこと」の仮定に使われるからである。

Even if you *were to* do such an experiment, you *would* fail in it.
（たとえあなたがそのような実験をしても，失敗に終るだろう）

仮定法過去完了

時制は過去完了形を用い，過去におけるある時点で実現しなかった状況を意味する。

This program *would have succeeded* if you *had* carefully *planned* for it.
（あなたが注意深く計画を練ってくれていたら，このプログラムは成功していたでしょう）
の例に見られるように，成功しなかったことを意味する。

この例は，主文，従属文とも過去完了形だが，従属文が過去完了形で，主文が過去形の場合もある。

It you *had reported* the failure of the machine promptly, we *would* be able to help you.
（機械の欠陥を速く知らせていてくれたなら，お助けできたでしょう）

3.4 仮定法の真意　　123

if と when は大違い

仮定法というと，if 構文を思い出すが，「もし〜なら」に if と when を区別して使うことあるから注意しなければならない。if と when を逆にすると会社を潰しかねないほど，この違いは重要である。

> *If* your machine is something wrong, please let us know the situation at once.
> （ご使用中の機械が異常の場合は，直に状況をお知らせください）

この文で，文頭が If なので，売り手が言っていることになる。買った方は If ではなく When を使うだろう。売り手は，このような状態が起こって欲しくないので「もし起こったら」を想定して If を使っているのである。一方買ったほうは，「故障のときは」の気持ちで When を使う傾向にある。このような場合，If と When を逆にすると「売ったほうが故障になることを期待している」ことになり拙い。

さらに身近な類例を示そう。

> *If* you feel motion sickness, take one of these pills.
> （乗物に酔ったら，この薬を 1 錠飲みなさい）

の例で，If を When にすると，「酔うことを予期している」ことになる。

if を使わない仮定法

If を使わないで，つまり If 構文でなくても仮定を意味する文が多い。このケースは堅苦しい，文語調の論文に見られる。

> If we are exposed to microwave radiation, it could affect our health.
> → Exposure to microwave radiation could affect our health.
> （マイクロ波の放射を浴びることが，私たちの健康に影響を及ぼしうる）

If we purchase the computer, we will be able to save a lot of time.
→ Purchase of the computer will be able to save us a lot of time.
(コンピューターを購入すれば，著しく時間が節約できるでしょう)

If you use this engine, the car will go faster.
→ This engine will better accelerate the car.
(このエンジンを使うと，自動車は一層加速するでしょう)

文語調の論文などでは，このように If 構文を避けて，格式ばった英文にする傾向にある。
p.122 で取り上げた

If the electricity is disconnected, the coil loses its magnetism at once.

も，If 構文を使わないで，格式ばった英語にすると

Disconnection of the electricity loses its magnetism in the coil at once.

となるが，すでに説明したように，動詞形のある名詞は本来の姿に帰して動詞にするという法則から，この英語は次のように変えるとすっきりする。

Disconnection of the electricity demagnetizes the coil at once.

3.5　冠詞の習得法

　日本語には冠詞がないので,「一冊の本」「二冊の本」のように単数でも,複数でも名詞に –s を付けるとか,付けないとかの問題は一切関係がない。しかし,英語では名詞を用いるときは,無冠詞,不定冠詞,定冠詞,複数形,one [two, ...] のような数詞,this [that] のような指示形容詞,any [some] のような形容詞の問題を考えねばならない。したがって,われわれ日本人にとって冠詞は実に厄介である。

　冠詞の用法の基本となるルールを参考までに述べてみよう。

	I	II	III	IV
無冠詞	iron	(?) book	control	Royal
定冠詞	the iron	the book	the control	the Royal
不定冠詞	an iron	a book	a control	a Royal
複数	irons	books	controls	Royals
不定の量	some iron	(?) some book	some control	(?) some Royal

　I は物質名詞で一般に不可算語 [u]。iron は「鉄」,the iron は「その鉄かお互いに使っている鉄製品」,an iron は鉄製品になり「半田ごて；アイロン；ゴルフのアイアン」,irons は an iron の製品の複数,some iron は「いくらか [多少の] 鉄；鉄分；鉄剤」。

　II は普通名詞で可算語 [c]。book のように裸ではなく,表の例のように何かが付く。some book は some books が正しい。

　III は抽象名詞で一般には不可算語。可算になると,その内容が代表する「具体的な物」を意味する。control は「支配；制御」,the control は「(その) 支配；制御装置」,a control は「調整用つまみ；制御装置」,controls は,a control の複数。したがって「基準」などの意味になることもある。some control は「或る,何かの支配 [制御]」。

　IV は固有名詞の例。Royal は「ローヤルという人 [国王；官庁；機関；

126　　3. 必須英文法編

団体名]，the Royal は，その機関などについて「その王家の人」を意味する場合と，具体的に「ローヤル製品（一つ）」を意味する。a Royal も the Royal を不定にしたもので「王家の（ある）人；（ある）ローヤル製品」，Royals は a Royal の複数，some Royal は普通はない。

　伝達には一般に発信者と受信者がいるわけだが，発信者が伝達する内容をどのように捉えるかにより，無冠詞になったり，《a ＋名詞》になったり，《the ＋名詞》になったり，複数形になったりする。双方とも内容を知らなければ無冠詞（図1），発信者が知っていて受信者が知らないと思えば《a ＋名詞》か複数形（図2），双方とも知っていれば《the ＋名詞》（図3）と覚えておくと便利である。

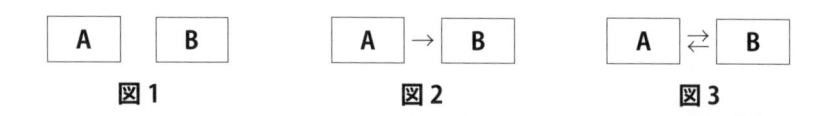

A　B	A → B	A ⇄ B
図1	図2	図3

　冠詞が付くか付かないかが分からなければ，何も付けないで裸のままにして置いた方が無難といえよう。冠詞を付けても付けなくても意味が変わらない場合があるからだ。しかし，単数形にするか，複数にするかは，これにより内容が変わるので極めて重要である。

図1の例

　The satellite has been in *space* for a month.
　（その人工衛星は一ヶ月宇宙に留まっていた）
　　　space のどこかが特定できないので無冠詞。

　The computer has revolutionized *industry*.
　（コンピューターは産業界に革命をもたらした）
　　　どんな industry かが分からないので無冠詞。

図2の例

　Yesterday, I bought *a piano*.
　（昨日，私はピアノを買った）
　　　話し手だけが知っている piano だから a が付く。

3.5　冠詞の習得法　　127

I planted *a tree* in the garden yesterday.
（私は昨日，庭に木を植えた）
　　話し手だけが知っている tree だから a が付く。

図3の例
I will go to *the post* office tomorrow.
（私は明日，郵便局に行きます）
　　お互いに知っている post office だから the が付く。

You should drink *the* medicine that you received from *the doctor* yesterday.
（昨日お医者から受け取った薬（だけ）を飲みなさい）
　　「医者からいただいたあの薬」のことでお互いに知っているから the が付く。「限定」と解してよい。

3.5.1　不定冠詞の基本用法

よく例に出るのが，

Please add some potato to the salad.
（サラダにジャガイモを加えてください）

と言うべきところを，

Please add potatoes to the salad.

と言ってしまうことである。

potatoes と複数形になっているので，これでは「サラダにジャガイモを数個加えてください」のことになり，失笑を買うだろう。

しかし，このような間違いには相手は理解してくれるだろうが，次はどうだろうか。

This cable can be used to warn the driver by lights.

この英文を
「このケーブルは運転手に光で警告をするのに使うことが出来る」
と日本語に訳す学生や企業人が多い。

lights だから「光」ではなく「(車の)ライト」である。

....

次はどうだろう。

> Automatic controls must take pictures, and then hold the pictures until the satellite comes around toward the earth side of the moon.

この英文を
「自動制御により写真が撮られ，その人工衛星は月が地球の側へ回ってくるまで，その写真を保持する」
と解するのは間違い。

automatic controls だから「自動制御」ではなく
「自動制御装置」である。

....

このように，不定冠詞が付くと意味が変わる単語はたくさんある。

air	（空気）	an air	（外見；様子）
glass	（ガラス）	a glass	（ガラスのコップ）
cloth	（布）	a cloth	（布きれ；ふきん）
paper	（紙）	a paper	（新聞；論文；紙製品）
radio	（無線）	a radio	（ラジオ）
room	（スペース）	a room	（部屋）
tin	（すず）	a tin	（ブリキ缶；すず製品）
transmission	（変速）	a transmission	（変速機）
weight	（重さ）	a weight	（分銅）

3.5 冠詞の習得法

単数と複数では意味が異なる単語もある。その例をあげる。

custom	（習慣）	customs	（税関）
damage	（損害；損傷）	damages	（損害賠償；損害賠償金）
increase	（増加）	increases	（増加率）
mail	（郵便）	mails	（郵便物）
value	（価値）	values	（価値観；価値基準）

［注］「航空便」や「船便」を（by）air mail, surface mail, sea mail というように mail は「郵便」のことだから，Eメールを mail としないこと。Eメールは e-mail か email である。両方とも今では動詞としても使用できる。「手紙」は letter である。

単数形と複数形では意味の異なる単語もある。

a letter	（文字；手紙）	letters	（公式文書；証書）

これらは信頼のできる英和辞典で調べることを勧める。

1) 常に不定冠詞が付かないで単数形の単語

次の名詞は，通例，不定冠詞を付けない。

advice（忠告）
a piece of advice; two pieces of advice; a few words of advice; some advice のように用いる。

baggage（米語。手荷物）two baggages は誤り。
two pieces of baggage のように用いる。
How many pieces of baggage can I take on the airplane with me?
（機内へは何個の手荷物を持ち込めますか）のように用いる。
How many baggages can I take …? は誤り。

behavior（行儀；振舞い）
　通常は常に単数で用いる。

equipment（備品；機器；準備）
　常に単数形で a piece of equipment のように用いる。

furniture（家具；付属品）
　常に単数形で a piece of furniture; much furniture のように用い，many furnitures は誤り。

information（情報；案内）
　some information; an (interesting) piece of information; all sorts of useful information のように用い，informations の形はない。

machinery（機械類；機械装置）
　a piece of machinery（一台の機械）a large piece of machinery（一台の大型機械）; new machinery（新しい機械装置）のように用いる。a new machinery の形は誤り。

luggage（英用法で，baggage の説明を参照）

. . . .

2) 内容により不定冠詞が消滅

president と a president の違い

　可算名詞は，one の弱い意味の不定冠詞が付くか，そうでなければ複数形になる。つまり，a book は books が存在することを意味するのである。したがって，books のような複数形が存在しない名詞には，不定冠詞の a が付けられない。

. . . .

　社長は数えられるので一人であれば **a president** である。そこで，
Toshikazu Takahashi is *a president* of the ABC Company.
としたいところだが，

a president とすると ABC Company には二人以上の社長がおり，その中の一人を意味することになる。

そこで，president と無冠詞か the president になる。
両者は意味が異なると主張している文法学者もいるが，無視できる領域である。

....

同じことが wife にもいえる。
a wife の複数は wives だと辞書は説明している。そこで，

Hanako is *a wife* of Mr. Suzuki.
とすると，一夫多妻の国になる。

日本では

Hanako is *wife* of Mr. Suzuki. か，
Hanako is *the wife* of Mr. Suzuki.

が正しい。
両者の違いはあまり気にしなくてよいだろう。

....

著者を紹介するときは，次のように無冠詞が普通のようだ。

The author is *professor* of the ABC University of science and technical English.

しかし，他にも同じ専門の人がいて，その人が有名なら
a professor と a を付ける。

beer と a beer の違い

冠詞の本質を理解すれば，この違いも自ずと理解できよう。

I drank beer last evening.
I drank a beer last evening.

両文とも「昨夜ビールを飲んだ」ことである。
前者は「単にビール」を飲んだことだが，

後者は「ある銘柄ビール」を問題としている。

....

It was bitterly *cold* yesterday. は
「昨日はとても寒かった」であり，

I have caught *a cold*. は
「私は風邪をひいた」である。

....

冠詞で相手をからかうのに
「私は鶏肉を食べた」に
I ate *a chicken*. というと言う人がいる。

a chicken では「鶏を一羽食べた」になるので，
I ate chicken. でなければならない。

....

魚の場合がちょっと厄介である。

「魚を生で食べた」は **I ate *fish raw*.** と無冠詞だが，
I ate two fishes. では
「同種の魚を2匹食べた」のか「種類の異なる魚を2匹食べたのか」
分からない。

「種類が異なる」ときは
I ate two (different) kinds of fish.
が無難である。

・・

3) 不可算語にも不定冠詞が出没

　He has *a knowledge* of computers.
　（彼はコンピューターについての知識がある）

　この例の **a knowledge** は **some knowledge** の弱い意味と解せる。

3.5 冠詞の習得法　　133

形容詞が前置すると不定冠詞が付くことが多いが，次のように無冠詞もある。

Lawyers should possess *detailed knowledge* of certain aspects of the law. (*MED*)
（法律家は法律の諸相について細部まで知るべきである）

この例では，どんな **detailed knowledge** か発信者も具体性に欠くので無冠詞である。

He has *a good knowledge* of computers.
（彼はコンピューターをよく知っている）

この例は，発信者が「彼は知っている」と解して **a good ...** と不定冠詞を付けている。

....

speed や **temperature** は形容詞が付くと可算か不可算かになる。

a high speed
は，高速にはいろいろあるが，その一つと解せる。

したがって，
high speeds（いろいろな高速）
のような複数形も存在する。

temperature も同じように考えることができる。

a low temperature（低温），
この複数が **low temperatures**。

しかし，
full speed
top speed
maximum speed
などは一つしかないので，通常は不定冠詞は付かない。

....

このように，形容詞の種類により不定冠詞が出没することが多い。

4) 形容詞が付くと定冠詞が不定冠詞の変わる

月や太陽は
the moon
the sun
と通常は定冠詞が付くが，

形容詞が前置すると
a half moon
a full moon
a pale moon
のように不定冠詞が付く。

以上のように，不可算名詞に形容詞が付くと，内容により不定冠詞が付いたり，付かなかったりする。

もちろん，発信者と受信者の双方が知っている場合は
the half moon
the full moon
the pale moon
と定冠詞が付く。

3.5.2 定冠詞の基本用法

1) 前に出た名詞を指す場合

すでに述べたように，話し手が相手も知識を共有しているであろうと推測できるとき《the ＋ 名詞》となると覚えておくと都合がよい。

We have *a cat*; *the cat* is black.

Yesterday we visited *an electric plant*. When we arrived at *the plant*, we were greeted by *the president*.
（昨日，電気工場を訪問しました。工場に着いたとき，社長の出迎えを受けました）

2) 前後の状況から分かる場合

I bought a car yesterday. But *the* windshield wipers do not work perfectly.
（昨日，車を買いました。しかし，ワイパーが巧く動きません）

Have you locked *the door*?
（ドアに鍵をかけましたか）

3) 唯一のものを指す場合

the sun, the moon, the earth, the north, the left, the right
など。

以上の **1)** から **3)** までは定冠詞の基本である。

4) 定冠詞が付く場合と付かない場合の意味の相違

(1) He visited the prison.
(2) He was sent to prison.

(1)は「彼は刑務所を訪問した」ことになり，
(2)は「（罪を犯して）刑務所に入った（投獄された）」ことになる。

この例は，

(1) We went to school.
(2) We went to the school.

の違いと同じである。
(1)は「勉強に行った」であり，
(2)は勉強ではなく，運動会などで，学校を訪問したことになる。

英語の勉強を始めるときに This is a book. を習う。しかし This is the book. もありうる。そこで,

(1) This is *a book* I read yesterday.
(2) This is *the book* I read yesterday.

(1) は日本語では「これはきのう私が読んだ本です」になり, (2) と同じだが, 英語では内容が異なる。「きのう読んだ本」と, ただ説明しているだけである。つまり限定の働きをしていない。

(2) は「きのう読んだ, 例のあの本」と問題の本を明示している。つまり限定の働きをしているので,《the ＋ 名詞》の形を取る。

....

(1) They are *the managers* of our company.
(2) They are *managers* of our company.

この文では,
(1) は《the ＋ 複数》だから「全部のマネージャー」のことであり,
(2) は「一部のマネージャー」のことになる。

「the ＋複数形」には「お互いに知っている 2 つ以上」と「全部」の意味があるから, 内容から判断する必要がある。

3. 5. 3　総称の冠詞

(1) *A computer* has revolutionized industry.
(2) *The computer* has revolutionized industry.
(3) *Computers* have revolutionized industry.
(4) *The computers* have revolutionized industry.

上の 4 文とも

「コンピューターは産業界に革命を与えた」

で, ほとんど同じ意味である。では, 違いはどこにあるだろう。

(1) と (3) は口語調，つまり，話すときに，(2) は文語，つまり，書くときに用いられると言われている。(4) は the + 複数だから「どんなコンピューターでもの意味になり，内容上，不可能である。

これを参考にして次の例文を考えて見よう。

●●●練習問題●●●

次の各文の意味の違いを検討してみよう。
「リンゴは私の好きな果物です」には，どの英語が適するでしょうか。

(1) *An apple* is my favorite fruit.

(2) *The apple* is my favorite fruit.

(3) *Apples* are my favorite fruit.

(4) *The apples* are my favorite fruit.

解答　この例は総称ではないが，(3) が正しいことになる。

a first と the first; a most と the most; an only と the only それぞれの意味の違い

序数の前は定冠詞が付くと文法書で説明しているので，first, second, third 前には自動的に定冠詞が付くと思い込んでいる人が多いようだ。

しかし，

「太郎は日本では長男によく付いた名前です」を

Taro is a name of *the first* son that was often registered in Japan.

とすると長男はすべて太郎という名前になってしまうので **a first son** とする。

次例を検討してみよう。

(1) *A second* good report followed.
(2) *The second* good report was much more enjoyable than the first one.

この例で
(1) は「別のよい知らせが続いた」で,
(2) は「二番目のよい知らせは最初のより楽しかった」のことになる。

....

(1) This printer is *a most* sophisticated machine.
(2) This printer is *the most* sophisticated machine.

この例では
(1) は「このプリンターは本当に素晴らしい機械です」のことを意味し,
(2) は「このプリンターは(ほかのプリンターと比べて)最も素晴らしい機械です」
を意味することになる。(1) の **a most** は **very** の意味である。

....

(1) This is the only watch that should not regulate.
(2) This is an only watch that should not regulate.

この例で
(1) は「時間を合わせる必要がない唯一の時計です」のことで, 他にないことを意味し,
(2) は「時間を合わせる必要がないたった一台の時計です」のことで, 他にあることになる。

3.5.4 まとめ

次のケースを考えて見よう。

(1) One of the problems confronting the new government is *shortage* of skilled labor.

(2) One of the problems confronting the new government is *a shortage* of skilled labor.

(3) One of the problems confronting the new government is *the shortage* of skilled labor.

これらは，日本語の訳や表現は同じだが内容は異なる。

解説

(1) 話し手，聞き手に明確に認識できないような「熟練労働者の不足」を意味する。抽象名詞に **of** 句が付くから定冠詞が付くとは限らない。

He must possess *detailed knowledge* of the law.
（彼はその法律について詳細な知識を持たねばならない）

のように **of** 句が付いても，意味が明確に規定できないときは無冠詞である。

(2) 話し手には分かっていて，「今起こっている，今問題にしている熟練労働者の不足」を意味する。今始めて話題にするようなケースになる。

(3) 話し手と聞き手の両方が分っていて，「以前から問題になっている，あのような熟練労働者の不足」を意味する。

4. 句読法

4.1　Period（.）

終止符（ピリオド）の用法。full stop ともいうが，英用法。

4.1.1　平叙文，命令文，間接疑問文の後

平叙文　　The paragraph is the major building block.
命令文　　Turn off the computer.
間接疑問文　They asked me which way they should go.

4.1.2　文中の省略には period を3つ，文末には4つ

文中の省略　Characteristically, he compared himself to "Christ … harassed by Pilaate and Herod.

文末の省略　When this adventure was at an end, I came back out of my house ….

［注］文末の省略は，省略の3つに period を付けるので4つになる。しかし3つで統一をとっている英字新聞もある。

4.1.3　略語の後

Names:　J. C. Mathes
Degrees:　B.A., M.S., Ph.D.
Months:　Jan., Feb., Mar.
Titles:　Dr., Mr., Mrs., Ms.
Others:　pp., p.m., *ibid.*, St., Ave.

［注］政府の機関，大学，テレビ局，ラジオ局，航空会社などには省略の period を普通は付けない。NATO, FBI, JTV, FEN, NW, AA

4.1　Period　141

4.1.4 箇条書きを表す数字やアルファベットが括弧に囲まれていないとき

1. Flood control
2. The proper use of land
3. The production of electric power

4.1.5 目次のリーダー

CONTENTS
Miniaturization 3
Why is Temperature Rising? 10
Industrial Pollution 15

4.1.6 ピリオドを付けない場合

次のような場合は通常はピリオドを付けない。

・・・・・・・・・・・・・・・・・・・・・・・・・・・・・・・・・・・・・

a) 略語から記号や符号になったもの

H（hydrogen）
Fe（ferrum=iron）
AC（alternating current）
H（鉛筆の硬さを表す単位の hard）

・・・・・・・・・・・・・・・・・・・・・・・・・・・・・・・・・・・・・

b) 度量衡の単位などの後

mph (miles per hour)
rpm (revolution per minute)
hp (horse power)
lb (pound)

c) ローマ数字の後

King Edward IV

d) 表題, 副題, 見出し

Learning the Language
Magnetism and Electricity
Singing in the Rain

e) 立て札, 掲示, 看板

Keep Out
Lost and Found
Smoke-free building

ただし,「主語＋述語」の形をとっている文はピリオドを付けるのが普通のようである。

Kindly refrain from smoking.

f) 数式の後

Therefore, the complete shop order number will be 145-8768

ただし, 数字や式の行が変わらなければピリオドを必ず付ける。

The girl clerk has now solved the equation: D=(A-B)+C.

4.2　Colon (:)

コロンはピリオドとセミコロンの中間に位置する。

4.2.1　引用符 (Quotation) の前

Stevenson observed: "Ask not what your country can do for you; ask what you can do for your country."

4.2.2　語，句，文の内容を説明するとき

My travel plan is as follows: start at 10:00 am and then come back at 5:00 pm.

4.2.3　リストの前

Three vehicles were side by side waiting for the light to change: a car, a bus, and a truck.

4.2.4　タイトルの副題の前

Technical Communication: A New Method of Teaching

4.2.5　時間と分の間

6:30 pm
1:15 pm

［注］しかし，これらは米式で，英式はコンマを使う。

4.2.6　頭語 (Salutation) の後

Dear Mr. Smith:（英では **Dear Mr Smith,** のようにコンマが普通）

4.2.7　参照文献の巻数とページの間

Successful Technical Writing（2:118）
Americana 19:150

4.2.8　比（ratio）の表現

a professor-student ratio of 1:50
(a professor for every 50 students) と読む
2:5
(two to five) と読む

●●●練習問題●●●

次の英文は正用法として通用するか検討してみよう。

1) Two experiments conducted by Prof. Ishikawa are: falling and rising of the robot.

2) Dr. Hatakeyama operated new machines, such as: fax machine and CD player.

解説・解答

1) be 動詞のような補語の後にはコロンはつかえないので，次のように訂正する。

   Two experiments conducted by Professor Ishikawa are 'falling and rising of the robot.'

2) 前置詞（ここでは as）と名詞の間にはコロンは使えないので，次のように訂正する。

   Doctor Hatakeyama operated new machines, such as a fax machine and a CD player.

4.3　Semicolon (;)

セミコロンはコロンよりは軽く，コンマよりは重いので，その中間に位置する。

4.3.1　however, therefore, also, besides, thus, accordingly, then, thus, furthermore, moreover, then, otherwise などの前

- A is true; however, B is also true.
- The new system works satisfactorily; *therefore* we will have to increase the cost twice as much as the old system.
- The motion here is assumed to be parallel to the direction of the electric field; *otherwise* the particle does feel a force altered by relativity.

4.3.2　文と文を結ぶ however や therefore を省略するとき。

- Repetition is indispensable; redundancy is not ....

の文は

Repetition is indispensable; however（或いは therefore の可能性もある）redundancy is not....

のこと。

- The assignment was difficult; he carried it out.

ここのセミコロンは however の意味。

4.3.3 　文をコンマで切り，更にその中を切るとき

Instruments on the panel display information that requires crew members to take certain actions; these are monitored by the control computer, which compares them with what they should be and changes the displays accordingly.

4.3.4 　2つ以上の語, 句, 節, 文などが等位接続詞で省略するとき。

In the center is sketched the third order mode; this oscillation has a frequently three times that of the oscillation at the top; it is said to be its third harmonic.

この文のセミコロンはピリオドで切ることもできるが，セミコロンのほうがそれぞれの文の関係が強い印象を与える。

4.3.5 　3つ以上の同じ内容を区切るとき

Those present at the meeting: Satoru Adachi, president; Aiji Tanaka, Director; Shinichi Harada, Manager, and Satoru Asahi, a lawyer.

［注］andの前はコンマを付ける。

4.4　Comma（,）

　コンマは，語・句・節などが関係をもちながら，その間を少し分離したいときに用いる。つまり最小の分離を表す。

4.4.1　一連の項目を切るとき

> To echo Wilkinson, what is the uncertainty, confusion, contradiction, controversy, or gap in knowledge?

4.4.2　従属文の後

> 　While different journals today define their own selection criteria for articles somewhat differently, most journals describe their criteria in ways that *Pros and Cons* advises.

しかし，従属文が短いときやコンマが無くても意味が容易に把握できるときは用いない。

> 　As we go along we will, of necessity, briefly compare and contrast articles with other types of research documents such as reports and dissertations.

As we go along の後にコンマを入れてもよい。

4.4.3　同等の形の形容詞が並ぶとき and の代わりに用いる

- the calm, clear water of the river
- quick, easy solutions

148　4. 守るべき句読法

4.4.4 日と年の間や数える数字の後

August 10, 2006
1,398（数えない番地などは 1398 とコンマを付けない）

4.4.5 町と市の間

Kodaira-shi, Tokyo
San Francisco, California

4.4.6 頭語の後

Dear Mr. Smith,（しかし米国は Dear Mr. Smith: とコロンを使う , 前出）

4.4.7 語（句）が連続するとき and の前

At Kentucky Lake we spent most of the day: boating, fishing, and skating.

4.4.8 非接続詞用法の関係代名詞の前

He has three sons, who became engineers.
（彼女には 3 人の息子がいたが，3 人とも技術者になった。）
〔息子は 3 人しかいなかった。〕

He has three sons who became engineers.
（彼女は技術者になった 3 人の息子がいた）
〔息子は 3 人以外に他にもいたことになる。〕

4.4.9 重要な情報を追加するとき

Mr. Stevenson, who used to be a stockholder, now lives in Ann Arbor, Michigan.

4.4.10　コンマ，ダッシュ，括弧で内容の変化

a) Mr. Stevenson, a stockholder, now lives in Ann Arbor, Michigan.

b) Mr. Stevenson—a stockholder—now lives in Ann Arbor, Michigan.

c) Mr. Stevenson (a stockholder) now lives in Ann Arbor, Michigan.

a)は情報の追加なのでよく用いられる。

b)は—の前で読んでいてちょっと切るのでa)よりは内容が弱い。

c)は括弧なので更に弱い。

4.4.11　導入の副詞のあと

Before we begin, *though*, what do we really mean by those terms?

Confusingly, the terms "article" and "paper" are often used interchangeably.

4.4.12　感嘆詞のあと

"*Yes*, I quite agree with you."

"*No*, I'm sorry I can't."

4.5　Parentheses（ ）

丸括弧（パーレン）は Round Brackets ともいい，コンマやダッシュと同様，内容にさらに付加的説明を加えるときに用いるが，コンマほど強い関係を示さない。単数形は parenthesis。

4.5.1　説明やコメントをするとき

- We will talk about writing scientific and technical articles ("articles" for short).
- What was the problem?（your answer is your introduction.）
- In 20XX, the painting sold for $1,000（¥97,000）.

4.5.2　リストするとき

　　They publish two different types of articles: (1) those that report , for the first time, the results of original research and (2) those that review and synthesize the prior published research on specific topic.

4.5.3　正式な文の中で数字で説明するとき

- The convention was attended by fifty-five (55) people.
- He promises to pay five hundred dollars ($500) five months from the date of this note.

4.5.4　略語で置きかえるとき

　　The purpose of this paper is to investigate the feasibility of using an octenyltrimethoxysilane (OCS) self-assembled monolayer (SAM) as a high-resolution electron beam (EB) resist.

略語は，次の文からここに示した略語を使うことを暗示している。

4.5.5　本名とニックネームを付加するとき

- Richard (Dick) Murto
- Robert (Bob) Dicken

4.5.6　文中で一つ一つ列挙するときの数字やアルファベットを囲む

The 'crater-ridge' is made up of

(1) a straight line AB at 45℃ to the site MF
(2) a parabola from B to C, focus F, vertex the mid-point of MF
(3) a parabola from C to D, focus F, vertex the mid-point of FG

The outline of the report looked like this:

(a) Problem Identified
(b) Solution Planned
(c) Time to Completion

しかし，1)，2)，3)，a)，b)，c) のように，( ) でなく半括弧) を推奨している研究誌もある。

4.6　Brackets [ ]

　Square Brackets（角かっこ）ともいい, 次の用法がある。｛　｝は Braces（大かっこ）という。

4.6.1　数式の中

　For the vector V = [a,b](also denoted as ....
集合を表す符号では {[( )]} の順になる。

4.6.2　( )の中の説明

　We confirm our opinion (see *Three Basic Part of a Report* [Second Edition] page 8).

　The brightness shades of the space pictures are divided into signal strengths (numbered from 0 [white] to 63 [black]).

4.6.3　参照箇所を示すとき

　With issue of this letter, TB-5555 is considered closed. [The ending of the test report on front end sheet metal mounts, Figure 3]

4.6.4　ラテン語の *sic*（原文のまま）と共に

　It was stated that Laika was put in orbit by the USSR on November 4 [*sic*], 2005.

4.6.5　「〜ページから続く」「〜ページへ続く」のような句

　[Continued from page 150]
　[To be continued on page 100]

4.6.6 発音記号を囲むとき

Fortunately, Alexander Graham [gréiəm] Bell, who invented the telephone, did not have to discover these principles.

●●●練習問題 1 ●●●

次の英文に Parentheses を入れて明確にしなさい。

1) Fred H. Smith 1975, 23-33 wished to impress upon English teachers the variety of technical and scientific writing TSW, and listed more than forty different purposes and forms of technical and scientific writing.

2) He bought good-quality, inexpensive furniture for example, a desk, a table, chairs, even a bed in the store.

解答

1) Fred H. Smith (1975, 23-33) wished to impress upon English teachers the variety of technical and scientific writing (TSW), and listed more than forty different purposes and forms of TSW.

2) He bought good-quality, inexpensive furniture (for example, a desk, a table, chairs, even a bed) in the store.

●●●練習問題 2 ●●●

次の英文の適切な箇所を Brackets で囲みなさい。

Tachikawa just western part of Tokyo is one of the busiest in Japan.

解答

Tachikawa [just western part of Tokyo] is one of the busiest in Japan.

4.7 Dashes（—）

　厳密には dash, em dash, en dash などがあるが，dash と em dash を同じに扱うことにする。ダッシュの前後は一文字開けないでタイプする。ダッシュを使いすぎると他の句読点の用法を知らないと思われるので控えめにしたほうがよいと言われている。

　通常，カッコのように対で用いられるが，片方しか用いないときもある。period, comma, colon, semicolon を補う働きをする。カッコと似ているが，カッコよりも強く，文脈の途切れを強く表したいときに用いる。読むときはカッコはそのまま休まずに，つまりポーズを置かないで読むが，ダッシュはちょっとポーズを置く。

4.7.1　説明を追加して明確にしたいとき
　　　　　別の語〔句〕で言い換える

The purpose of explaining a process is to explain how the output of the process is achieved—the output is the end result of the process.

4.7.2　直前の内容を強調して同格の形で説明するとき

You might add a negative definition, an etymology, an operational definition, or a stipulative definition—the restricted meaning you intend to use in the context of a specific discussion.

4.7.3　that is, namely, e.g., i.e. などの前

A neuron is about the size of a large organic molecule—*that is*, about a hundred-thousandth of a centimeter in diameter—while the axons sometimes extend for several feet.

4.7.4　コロンの後

The types of blank-holder used in practice can be divided into two main classes:
Type 1—The loading is provided by springs, or ....
Type 2—Blank-holder load is provided by pneumatic or hydraulic cylinders ....

4.7.5　時代，時間，日などで「〜から〜まで」を意味するとき

Conduct equilibrium isotherm studies over a range of 5℃—25℃
May—July 2006
2001—2006
7:00—10:00

4.7.6　ページ数，参照番号などの継続

pp.50—55
Americana 10:5—11:15

　［注］ダッシュのかわりに〜を使う人が多いが，〜は「おおよそ；約」を意味することがあるから注意しなければならない。

4.8 Italics [italics]

イタリック体がないタイプライターや手書きではイタリック体を表す語・句には下線を引く。強調したいときイタリック体は用いない。

4.8.1 作品名，雑誌名，新聞名，パンフレット名，映画やテレビなどの題

Successful Technical Writing
Nature, Scientific America
Herald Tribune

4.8.2 航空機，船，宇宙船，列車などの名前

Spirit of St. Louis
Cambera
Queen Elizabeth II
Sputnik

4.8.3 英語でない外国語

Haiku
Ki-syo-ten-ketu

英語になっている外国語はイタリックにしない。

tunami
per diem

4.8.4 文字とか数として使われるとき

Japanese speakers have trouble pronouncing the letter *l* and *r*.
A large *5* was painted on the door.

4.9　Hyphen [-]

　ハイフンは en dash とも言われている。2つの働きをする。1つは語を正しく切ることであり，他の一つは2語以上の語を1語に結合することである。ページの最後の語はハイフンで切らないほうがよいとされている。

4.9.1　ハイフンで語の切り方（分綴法の原則）

　アメリカ式は発音で，イギリス式は語源で切るが，発音で切る方法を採用する。

　1.1　音節をなさない ed の前では切らない。
　　　aimed helped passed spelled

　1.2　次の接尾辞は切れない。
　　　-ceous -cial -cion -cious -geous -gious -sial -sion -sure -tal -tial -tion -tious など

　1.3　語源で切る。
　　　mak-ing faul-less

　1.4　接頭辞，接尾辞は，その境で切る。
　　　im-possible ir-radiate progres-sive im-pover-ish

　1.5　現在分詞，動名詞を作る ing の前に同じ子音が2つ重なっているときは，その子音字の間で切る。
　　　run-ning stop-ping

　1.6　長母音，二重母音はその直後で切る。
　　　lu-bricant sau-cer mi-crophone ma-ter

　1.7　アクセントのある短母音は次の子音字の後で切る。ただし，th, ph, sh, ch, tch などは1字とみるので，この文字の間では切れない。
　　　math-e-mat-ics proph-e-sy ratch-et
　　　teach-er stretch-a-ble

- 1.8 子音字が2つ以上あれば，最初の子音字で切る。同じ子音字が2つあれば真中で切る。
  fran-chise   mas-ter   propel-ler

- 1.9 アクセントのない母音字の次で切る。
  ani-mal   custo-dy   binocu-lar

- 1.10 l, m, n, r は半母音だから，語尾における「子音 + l, m, n, r」は1音節とみなすので，その前で切る。
  a-ble   peo-ple

［注］固有名詞，数字，略字，方程式やハイフンで結合している語は切らないのが普通である。

4.9.2　ハイフンを用いる場合

- 2.1 名詞に2つ以上の修飾語が付いているとき，ハイフンを用いる。

  a black automobile tire では，自動車が **black** か **tire** が **black** か分からない。そこで, **automobile** が **black** なら **a black-automobile tire** とハイフンで結び，**tire** が **black** なら **a black automobile-tire** とハイフンで結ぶのである。日本語では，「黒い自動車のタイヤ」「自動車の黒いタイヤ」のように「黒い」の位置を変えれば良いが，英語では位置変えはできない。(p.52参照) **a little used car** は **a little-used car** では「少し使った車」のことになり，**a little used-car** では「小型中古車」になる。

  しかし，**-ly** で終わる副詞の後ではハイフンは不要。

  a highly developed machine
  a deeply shaded valley
  a completely new camera

- 2.2 21から99までの数字をスペルアウトするとき
  twenty-one   ninety-nine

- 2.3 分数
  one-third   two-fifths
  ただし，**a third** は，ハイフンを付けない。

4.10　Solidus [/]

　斜線を oblique stroke とか oblique line と言うが，単に oblique とか slash とも言う。読み手に and か or か明確に判断できないときは，使用しないほうがよい。

Negative:　　Hot/cold extremes will spoil the materials.
Positive:　　Hot and cold extremes will spoil the materials

Negative:　　The machine will be operated on AC/DC.
Positive:　　The machine will be operated on AC or DC [*or* AC and DC].

4.10.1　　分数を示すとき

　　1/3
　　2/5
　　2 1/5
　　x/a+ay/4

4.10.2　　年が2年連続するとき

　ダッシュでなく斜線を用いる。

　　Summer 2006/07
　　Fiscal year 2004/05
　　350/351 B.C.

　なお，年月日を 2006/7/1 とか 7/10/2006 のように書くのは，国によって書き方が異なるから避けたほうがよい。米式なら July 1, 20xx，英式なら 1st July 20xx が普通。しかし，米では 1 July 20xx も多用されている。

4.10.3　perのかわりに用いる

km/hr
m/h

4.10.4　語を列挙するとき

New York/London/Paris/Tokyo

4.10.5　混合物を記すとき

the methane/oxygen/argon (1:50:450) matrix

あるいは

the methane/oxygen/argon (1/50/450) matrix

［注］waveshape（波形[〜]）は「…から…まで」を意味しない。○も「よい」とか「OK」を意味しない。×が「OK」を意味する。

- ○ Communication is direct.
- ○ Communication is decisive.
- ○ Decisions require written communication.
- ○ Actions requre written communication.

これは日本式なので，英式では次のように書く。

- Communication is direct.
- Communication is decisive.
- Decisions require written communication.
- Actions requre written communication.

○の代わりに•を使う。文尾のperiodでもない。

　記号や符号は，国により意味することが異なるので，使用するときには十分に注意したほうがよい。

4.10 Solidus

日本語索引

記号・アルファベット

〜から〜まで	155
…から…まで	160
a ＋名詞	127
be 動詞	34, 36
E メール	42, 59, 82, 86
have 動詞	34
of 句	140
the ＋複数	137, 138
the ＋名詞	127, 137

あ

相性	26, 32, 33
愛称的指小尾辞	20
曖昧	50
曖昧語	22, 39
アクセント	157, 158
頭語	144, 149
頭字語	17, 19
頭文字語	19
アルファベット	62, 152
息を止める	26
イタリック体	156
一語一義	22, 24, 25
依頼	86
インストラクション	59
動く	28

宇宙船	156
映画	156
影響	83
エッセイ	82, 83
縁語接近	52, 53, 54, 57
大文字	86
行う	26
音節	157

か

解決法	95, 99, 101
外国語	156
開始する	29
解明	83
会話文	60
角括弧	153
学説	50
核文	66
各論	67, 68, 69, 73, 74, 75, 77, 81
過去	61, 104
過去完了	105, 123
過去完了進行形	106
過去形	102, 103, 121, 122, 123
可算語	126
可算名詞	131
箇条書き	142
仮想実験	121
仮想法	120

カタログ	59, 61	形容詞	32, 52, 126, 134, 148
括弧	149	結果	90
カッコ	154	結果・原因	92, 93, 94
仮定法	120, 124	結論	66, 96, 97, 98
仮定法過去完了	123	原因・結果	90, 92, 93, 94, 95
可能性	108	見解	86
かばん語	18	研究業績	83
川端康成	82	研究誌	84, 86
関係代名詞	55, 149	現在	120
冠詞	85, 86, 126, 127	現在形	102, 105, 121
間接疑問文	141	現在時制	103, 122
看板	143	現在分詞	157
完了形	102	謙譲語	41
器械	49	件名	82
記号	142, 160	原理	50
技術上の目的	85, 86	語	50
起承転結	80, 81	効果	83
気取る	42	航空機	156
機能語	86	広告文	59
義務	111, 112	工程	75
挙動	83	五感	63
切株語	20	語源	157
偶然に	33	語順	52
苦情書	101	語調	41, 45
薬	29	語尾	158
口調	65	古風	61
句動詞	36, 38	コメント	151
区別	48, 51	小文字	86
加える	31	固有名詞	126, 158
敬語	44	コロン	83, 84, 85, 88
掲示	143		144, 146, 149, 155
契約書	34, 59, 61, 111	懇願	46

日本語索引

混合のパターン	76
混合物	160
混成語	17, 18
コンマ	146, 147, 148, 149

さ

裁判	67
材料	83, 86
魚	133
作品名	156
注す	31
雑誌名	156
参考文献	145
参照箇所	153
参照番号	155
子音字	157, 158
時間	144, 155
時間順	93
志願する	31
時系列	72
試験	83
指示形容詞	126
指示文	60
時制	102, 123
時代	155
時代劇	67
実験	83
実用文書	59
失礼	44
謝罪	86
斜線	159

終止符	141
修飾	55
修飾語	52, 57, 58
従属文	104, 121, 122, 123, 148
熟語	29
主語	73, 79, 83, 84, 100
受動態	42, 114
主文	121, 122, 123
順序	62, 63, 64, 65, 66, 67, 97
仕様書	61
小説	82, 83
商用文	90
省略	141
省略語	17
序数	138
助動詞	45, 103, 108
処理	83
進行形	104
新聞名	156
推量	112, 113
数詞	126
数字	148, 151, 152, 158
数式	143
好き	44
スタイル	59
製造	83
製品の説明	60
接頭辞	7, 8, 12, 157
説得法	95
接尾辞	7, 157
説明	86
説明書	34, 59, 61

セミコロン	144, 146, 147
専心する	31
前置詞	85, 108, 115, 116
専門用語	51
総論	66, 67, 68, 69, 72, 73
	74, 75, 78, 81, 94, 96
測定	83
尊敬語	41

た

大括弧	153
タイトル	82, 83, 84, 85
	86, 87, 88, 144
多義語	38
ダッシュ	149, 154, 155
立て札	143
食べる	26, 27
だろう	108
単位	142
単音節語	36
単語	48, 50
単語の一貫性	98
短縮形	107
単数	126
単数形	127, 130
探偵小説	67
短母音	157
段落	67, 75, 76, 77, 78
抽象名詞	126, 140
長音符号	88
調査	83, 85

長母音	157
直列のパターン	74, 76
通知	86
使う	36
月名	17
提案	86
提案書	34, 59, 99, 101
定冠詞	126, 135, 136, 138, 140
定義	50, 51
定義法	48, 79
丁寧語	41
データ	70, 78, 94, 95, 96, 97
手紙	82
できる	110, 114
テレビ	156
テレビ会議	60
展開；開発	83
展開法	66, 76, 77, 78
伝達上の目的	85, 86
問合わせ	86
等位接続詞	147
同義語	73, 74
東西	64
動詞	33, 37, 38, 40, 42, 56, 102
動詞形	125
動名詞	52, 157
度量衡	142

な

内容語	86
南北	64

二重母音	157
ニックネーム	152
ぬる	31
塗る	31
年	148, 159
飲む	29, 31

は

パーレン	151
背景	101
ハイフン	157, 158
端折れ語	20
走る	36
外す	64
はたく	31
発音記号	153
パテント	51
パラグラフ	67, 68, 70, 71, 75, 76, 79
範囲	84
パンフレット	156
半母音	158
比	145
日	148, 155
比較	83
評価	83
病気	35
表題	143
開く	29
ピリオド	141, 142, 143, 144, 147
火をつける	31
不可算語	126, 133

副詞	33, 56, 61, 103, 104, 150, 158
複数	126, 132
複数形	126, 127, 128, 130, 131, 134
副題	143
符号	142, 160
無作法	45
防ぐ	28
普通名詞	126
物質名詞	126
不定冠詞	126, 128, 131, 133, 134, 135
船	156
踏む	31
プラス要素	65
プレゼンテーション	59, 60, 75, 97
分数	158, 159
分析	87
分綴法	157
文尾	160
分離不定詞	56
分類	48
平叙文	141
並列のパターン	76
並列法	72, 73
ページ	153
ページ数	155
べき	12
変形	83
返済に使う	31
返事	86
方程式	158
冒頭文	66

方法	83, 86
干す	26
本動詞	108

ま

マイナス要素	65
マスメディア	69
マニュアル	59, 60, 61, 64
まばらな	33
丸括弧	151
水掛け論	95
見出し	143
未来完了	105, 106
未来完了進行形	106
未来時制	105
身を入れる	31
無冠詞	126, 127, 132, 134, 140
名詞	37, 38, 52, 125, 126, 127, 135
名称	115
命題	50
命令文	60, 61, 141
メーカー	35
目的	70, 82, 83, 84, 88, 99, 100, 101
問題点	95, 99, 101

や

唯一	136
要求	42, 86
用語	48, 50, 51
幼稚	34, 36, 51, 59
幼稚な動詞	34
要点	70, 71
要約文	66, 72, 79

ら

ラテン語	153
リスト	144, 151
略語	17, 83, 85, 141, 142, 151
略字	158
理由	90
理論	50
類語辞典	40
類語重複	84
累乗	12
列挙	160
列車	156
レポート	59, 61, 66, 69, 82, 83, 101
ローマ数字	143
論文	59, 61, 66, 69, 82, 83, 84, 113, 114, 125
論理構成	79

英語索引

A

a	12
a control	126
abbreviation	85
accidentally	33
according	105
accordingly	91
acronym	19, 85
advice	130
advise	25
afraid	44, 45, 46, 47
after	118, 119
air	26, 129
alphabetical order	65
amplify	30
an iron	126
analysis	86, 87
and	62, 91, 148, 149
announce	25
answer	25
apology	86
apparatus	34, 49
appear	45
appliance	49
apply	31, 38
appreciate	41, 42
approach	86
as	92
as a result	91
ask	86
aspect	86
assert	25
at	117, 119
attend	62
auto	20
automation	18
avoid	38

B

bad	39
baggage	130
be	34, 39
because	91, 92, 94, 101, 103, 104
bed	35
beer	132
behavior	83, 131
besides	39
big	39
bike	21
bitter	65
blending	17
blow	27
body	84
bottom	64
boys and girls	65
braces	153
brackets	153

brake	31, 33
break	37
bus	21
business	32

C

c	12
cake	29
call	116
call on	116
can	110, 111, 112, 113, 114
cancel	47
car	21
cause	91, 92
cheek	31
chicken	133
choose	62
chronological order	63
clipped word	20
clockwise	64, 65
cloth	129
COBOL	19
coffee	32
cold	133
collocation	26, 33
colon	144, 154
come	47
comma	148, 154
commitment	46
communication purpose	85
comparison	83
complain	38
complaint	38
complaint letter	101
comply	47
compose	30
comsat	18
conclusion	80
conference	62
consist	49
contamination	18
contribute	30
control	38, 126
controls	126, 129
conveyor	119
conveyor belt	119
coolant	51
copy	42
cored sentence	66
correct	42
could	41, 42, 44, 108, 111, 113, 124
cucumber	30
custom	130

D

d	12
da	12
damage	54, 55, 130
darkness	65
dash	154
death	65
declare	25

define	34	E-boat	21
definition	48	ecosystem	18
deformation	83	effect	83, 91
deformeter	18	em dash	154
delight	45, 47	E-mail	85
demand	65	en dash	154, 157
depress	64	end	24, 39
descending order of importance	97	enough	41
describe	25	entrance	31
desist	38	equipment	49, 131
destroy	38	equip	36
detail	67, 73, 78	evaluation	83
development	80, 83	even if	123
differentia	51	examination	83
diminutive	20	experiment	61, 86
direction	49, 60	explain	38
discuss	39, 62, 68	explanation	37, 86
divice	49	express	25
divide	38		
do	39		
drink	29, 31		
drive	36, 111		
drop	33		
dry	26, 27		

E

F

e.g.	154	f	12
earthquake	55	falling	65
east and west	64	fear	45
easy	29	feeling	63
eat	27	fill	59, 60
		finger	23
		finish	24
		first	138
		fish	133
		foe	65
		forgive	46

forward	47
freeze	30
friend	65
from	119
ft	17
full stop	141
full-bodied	32
furniture	131

G

G	12
G to P	67
gadget	49
gas	20
gave	56
general	66, 73, 78
general to particulars	67
get	34, 37, 39
give	36, 37, 38, 39
glad	45, 46, 47
glass	129
good	39
grace	19
gunpowder	31

H

h	12
had	123
had better	111
happy	29, 41, 45, 47
have	34, 35, 36, 39, 46
hearing	63
heavy	32
help	27
history	86, 87
hold	26, 29, 37
hope	44, 45, 47
Hornby	52
however	71, 101
hr	17
hyphen	157

I

i.e.	154
idiom	29
if	92, 105, 122, 124, 125
ignite	30
ill	35
in	115, 116, 119
increase	30, 130
influence	83
information	47, 86, 131
initial word	19
inquiry	86
instruction	60
instrument	49
introduction	80
investigate	30, 33
investigation	83, 85, 86
iron	126
irons	126

is	35, 48
issue	68
italics	156

J

jargon	85
jumbo-sized	32

K

k	12
keep	39
kindly	41, 42, 90
know	39, 44, 116, 117
knowledge	133, 134

L

laser	19
lb	17
lead	92
leave	45
lend	46
let	61
letter	130
life	65
light	65, 129
lights	128
like	44
little	39
LM	20

look	30, 47
loran	19
loss	65
luggage	131

M

M	12
m	12
M dash	88
machinery	131
magnetism	34
mag-netron	18
mail	130
maintain	25
make	30, 34, 36, 37, 38, 39
maker	35
man and woman	65
manufacturer	35
master	19
material	51
may	108, 109, 112, 113, 114, 120
mean	34, 51
measurement	83
medlars	19
meet	47, 117
meet with	117
meeting	47, 62
megneto	20
mention	25
might	45, 108, 109, 110
mike	20

mind	31, 41
mistake	57
Mobiloil	19
modifier	57
moon	29, 135
most	138, 139
motel	18
move	28
movie	20
must	61, 107, 111, 112

N

n	12
name	48
namely	154
need	112
negatron	18
nice	23, 39
north and south	64
now	39
nylons	21

O

oblige	41, 42
oblique line	159
of	115, 116, 117
off	119
oil	31
old-fashioned style	61
on	110, 115, 116, 119

one	61
one word・one meaning	22, 85
only	138, 139
operate	28, 36, 111
opinion	86
opportunity	46
order	62
ought to	111, 112
out at	118
out of	118
outlet	34

P

p	12
paint	31
paper	129
paragraph	67, 74
parallel pattern	73
particulars	67
payment	31
per	160
performance	86
period	17, 154, 160
phone	21
piece	131
piled-up	32
place	37
plane	21
please	41, 42, 45, 47
pompous	42
poor	65

英語索引　173

portmanteau	18
positoron	18
president	131, 132
pressure	31, 38
prison	136
process	51, 75
production	83
professor	132
profit	65
program	48
proposal	86
provide	37, 47
purpose	85, 88, 89
push	28
put	40

Q

Quink	19

R

radar	19
radio	129
radiogram	18
radome	19
ratio	145
rawin	18
reach	117
reach at	117
reader	59
receive	46

recommendation	88
refer to	25, 34
reflect	30
refrain	38
region	51
register	48
regret	45
relate	25
rem	19
remark	25
remember	56
remove	30, 64
reply	25, 46, 86
report	85, 86
request	54, 86
require	60, 61
result	92
rich	65
rid	30
right and wrong	65
rising	65
room	129
rpm	19
rub	31
run	28, 36, 40, 111

S

say	40
school	136
second	139
see	40, 47

seem	45	squinting modifier	57
semicolon	146, 154	start	40
send	41, 42, 90	state	25
sequential order	63	Steinbeck	84
set	30	stereo	20
Shakespeare	82	stop	24, 26, 28
shall	60, 61, 107, 108, 111	strength	30
shortening	20	strick	118
should	60, 61, 71, 111, 112, 113, 122, 123	strobe	20
		study	84, 85, 87
show	49	stump word	20
sic	153	style	59
sight	63	subject	100
since	92	subjunctive mood	120
slash	159	substance	51
slide	64	suggest	45
smelling	63	supply	65
smoker	32	suppose	45
snap	20	survey	88
snow	51	swallow	29, 31
so	66	sweet	65
softener	44, 47		
solidus	159		
solution	83		

T

sorry	44, 45, 47
sparsely	33
spatial order	64
speak	25
speech	29
speed	134
spread	31
square brackets	153

T	12
take	29, 30, 34, 40
talk	25, 59
talkie	20
tasting	63
technical purpose	83, 85
technique	87
telecamera	19

telecast	18
telephoto	20
teleprinter	19
tell	25, 44
temperature	51, 134
test chamber	54, 55
thank	54
that is	154
the	136
therefore	71, 91
thesaurus	40
thing	48
think	25, 40, 44, 45
thinly	33
throw	30
thumb	23
time order	63
tin	129
Tiros	19
to	119
toe	23
tone	41
top	64
topic	88, 89
topic sentence	66
touch	28
toward	119
trafficator	19
transceiver	18
transistor	18
transmission	129
treatment	83

turn	30, 38, 46, 80, 81
turn off	28

U

unfortunately	45
up and down	64
use	34, 36, 38, 40, 87

V

value	130
varindor	19
vessel	59
VHF	20
vhf	20
vidicon	18
vote	61

W

water	59
way	40
we	60
weak verbs	34
weak words	38, 39
weight	129
were	120, 121, 122, 123
what	48, 66
when	92, 105, 124
which	48
wife	132

will	60, 108, 109, 110, 112, 113, 114, 120, 122, 125
wind	60
wine	32
wish	45, 120
with	117
wonder	41
wonderful	40
work	28
would	41, 42, 57, 108, 109, 110, 120, 121, 122, 123
wound	31
write	40

Y

yield	92
you	60

μ	12

接頭辞

A

aceto-	8
aero-	8
ambi-	8
ante-	8
aqua-	8
astro-	8
atto-	12
audio-	8
aur-	8
auto-	8

B

bene-	8
bi-	8, 13
bin-	14
bio-	8

C

cap-	8
centi-	12
centro-	9
cero-	9
chloro-	9
circum-	9
contra-	9
cross-	9
cyclo-	9

D

de-	9
dec(a)-	13
deca-	12
deci-	12, 13
deuter-	13
deutero-	14
di-	13
dia-	9
dich-	14
dicho-	13
digiti-	9
dis-	8
dodec(a)-	13
du-	13
duodecim-	13

E

epi-	9
equi-	9
eu-	9
ex-	9
extra-	9

F

femto-	12
fore-	9

G

geo-	9
giga-	12
glyco-	9
gyro-	9

H

hecto-	12
helic-	9
hemi-	12
hendeca-	13
hepta-	13
hex(a)-	13
homo-	8
hydro-	9
hygro-	9
hyper-	9
hypo-	10

I

iatro-	10
ideo-	10
inter-	10
intro-	10
iso-	10

K

kilo-	12

M

macro-	10
mega-	10
mega-	12
meta-	10
micro-	10, 12
milli-	12
mon(o)-	12
multi-	10

N

nano-	12
neo-	10
nona-	13

O

oct(a)-	13
oct(o)-	13
octav-	13
oculo-	10
out-	10
over-	10

P

para-	10
path(o)-	10
pent(a)-	13
per-	10
peri-	10
photo-	10
pico-	12
pneumo-	10
poly-	10
post-	10
pre-	11
prim-	12
pro-	11
proto-	11, 12
pyro-	11

Q

quadr-	14
quadr(i)-	13
quart-	13
quinqu(e)-	13
quinto-	13

R

re-	11

S

se-	11
self-	11
semi-	12
sept(i)-	13
septem-	13
septim-	13
sex(i)-	13
sext-	13
steno-	11
stereo-	11
sub-	11
subter-	11
super-	11
syn-(sym-)	11

T

tele-	11
tera-	12
terti-	13
tetr(a)-	13
thermo-	11
trans-	11
tri-	13

U

ultra-	11
un(i)-	12
undec-	13
under-	11

接尾辞

A

-ad	14
-age	14
-ana	14
-arch	14
-ate	14

C

-chrome	14
-craft	14

E

-emia	14

F

-fold	14

G

-gen	14
-gnomy	14
-gnosis	14
-gon	14
-gram	14
-graph	14

-graphy	15

H

-hedron	15

I

-iatrics	15
-iatry	15
-ician	15
-ics	15
-ide	15
-in(e)	15
-ism	15
-ist	15
-itis	15
-ite	15
-itol	15
-ium	15

L

-logy	15

M

-meter	15

N

-nomy ... 15

O

-oid ... 15

P

-pathy ... 15
-ped(e) ... 15
-phone ... 15

S

-scope ... 16
-some ... 16

U

-ulose ... 16

● 著者略歴

篠田　義明（しのだ よしあき）　　教育学博士

早稲田大学名誉教授。米国ミシガン州アナーバー市名誉市民。
早稲田大学商学部、理工学部・大学院、教育学大学院にて Business English、Science and Technical English、「英語表現演習」を担当。東京大学学部・大学院非常勤講師、Science and Technical English を指導。東京医科歯科大学、島根県立大学非常勤講師を歴任。現在、東京電機大学客員教授。ミシガン大学にて 1975 年から Science and Technical English 夏期講座講師。
日本実用英語学会会長、日本テクニカル・コミュニケーション学会会長、早稲田大学・ミシガン大学 TEP Test（科学・工業英語検定試験）運営委員長、日本商工会議所「商業英語検定試験」前専門委員、日本英語表現学会理事、日本時事英語学会前評議員。
官公庁や 100 社以上の企業で英語の実務文書（E メールの英語、ビジネス英語など）や科学技術論文や日本語のロジカルドキュメント作成法を指導中。

主な著書：

『賢い人の英語コミュニケーション法』（丸善出版）、『科学技術の英語』（早稲田大学出版部）、『テクニカル・イングリッシュ―理論と展開』『IT 時代のオールラウンド・ビジネス英語』（南雲堂）、『国際会議・スピーチに必要な英語』『パーティ・プレゼンテーションに必要な英語』『科学技術論文・報告書の書き方と英語表現』（日興企画）、『工業英語』（朝日出版社）、『英語の落し穴』『実務英語の Q&A』（大修館書店）、『コミュニケーション技術』（中公新書）、『ビジネス文 完全マスター術』（角川 one テーマ 21）など。

　　　　著作権法上、無断複写・複製は禁じられています。

ICT 時代の英語コミュニケーション：基本ルール

　　　　　2014 年 3 月 28 日　　　　1 刷
著　者 ─　篠田 義明　　　　　　　　Yoshiaki Shinoda
発行者 ─　南雲 一範
発行所 ─　株式会社 南雲堂
　　　　　〒162-0801　東京都新宿区山吹町 361
　　　　　TEL　03-3268-2311（営業部）
　　　　　TEL　03-3268-2387（編集部）
　　　　　FAX　03-3269-2486（営業部）
　　　　　振替　00160-0-4686

印刷所／日本ハイコム株式会社　　　製本所／松村製本所

Printed in Japan　　乱丁・落丁本はお取り替えいたします。

ISBN978-4-523-26523-8　　C0082　　　　　[1-523]

　　　　　E-mail　　nanundo@post.email.ne.jp
　　　　　URL　　　http://www.nanun-do.co.jp

科学技術英文の論理構成とまとめ方
Writing Systematic Technical and Scientific Reports

共著
篠田義明　　　　　　早稲田大学名誉教授
J.C. マフィズ　　　　ミシガン大学名誉教授
D.W. スティーブンソン　ミシガン大学名誉教授

A5 判・228 ページ・本体 2,600 円＋税

英語で科学技術文書を作成するのに必要な基本的な様式技法を、豊富な実例を用いて説明した英文作成マニュアル。

目 次

- 1章
  文の効果的な作り方
- 2章
  目的を明示
- 3章
  文章構成の基本
- 4章
  解説文の構成
- 5章
  パラグラフの書き方
- 6章
  TEP Test の問題と解答

日本テクニカルコミュニケーション協会推薦！！

〒162-0801
東京都新宿区山吹町 361

南雲堂

TEL 03-3268-2384
FAX 03-3260-5425

篠田義明先生の本

科学技術英語の入門〈改訂新版〉
A5判・122ページ・本体 1,800 円＋税

工業英語として身近な話題、基礎的例文を左頁に掲げ、誤りやすい文法事項を図解式に解説し、技術英作文問題を各3題つけた。全30課。特に工専、理工系向き。

科学技術英語の基礎〈改訂新版〉
A5判・90ページ・本体 1,800 円＋税

理科系の学生にtechnicalな話題を通じて英語の基礎を修得させる目的で編集。30の独立したモデル文に、注釈・文法解説・作文問題をつける。巻末の3種類の索引は便利。

科学技術英語の構文〈改訂新版〉
A5判・88ページ・本体 1,600 円＋税

理科系の学生が、科学随筆、研究論文、実験レポートなどを英語で正しく読み書きする手助けとなるよう編集。『科学技術の基礎』とほぼ形式を同じくし、難易度がやや高いモデル文が収録されている。

科学技術英語の正しい訳し方
A5判・227ページ・本体 2,600 円＋税

科学技術英語を必要とする現場のビジネスマンや学生に必携の書。科学分野に頻出する構文や英訳・翻訳する際に特に注意する必要がある文法事項が詳しく解説されている。

科学技術英文の書き方セミナー
A5判・214ページ・本体 2,600 円＋税

いろいろな科学工業文を、正確・明快かつ無駄のない英語で表現する基本的方法とアプローチの仕方を詳述したものである。英作文が苦手な人にお勧めしたい。

テクニカル・イングリッシュ──論理と展開──
A5判・182ページ・本体 2,500 円＋税

第1章では工業英語の学習法と専門用語の扱い方を述べ、第2章では修辞面を具体例をあげて説明、第3章では効果的な表現とはどんなものか、悪い例と良い例の英文を示し理由を説明。

〒162-0801　東京都新宿区山吹町 361　南雲堂　TEL 03-3268-2384　FAX 03-3260-5425